| 나는 왜 믿는가? |

이 책을 사랑하는 어머니께 바칩니다.

WHY I BELIEVE
by D. James Kennedy

Copyright ⓒ1980, 1999 by Thomas Nelson, Inc.
Originally published in English under the title
Why I Believe
by Thomas Nelson, Inc., 501 Nelson Place
Nashville, TN 37214, USA.
All rights reserved.
Korean Edition Copyright ⓒ 2010 by Word of Life Press, Seoul, Republic of Korea

Translated and used by permission of Thomas Nelson, Inc.
through arrangement of rMaeng2, Seoul, Republic of Korea.

본 저작물의 한국어판 저작권은 알맹2 에이전시를 통하여
Thomas Nelson사와 독점 계약한 생명의말씀사에 있습니다. 신저작권법에 의하여
한국 내에서 보호 받는 저작물이므로 무단 전재와 무단 복제를 금합니다.

나는 왜 믿는가?

ⓒ 생명의말씀사 2010

2010년 5월 25일 1판 1쇄 발행
2024년 9월 10일   6쇄 발행

펴낸이 | 김창영
펴낸곳 | 생명의말씀사

등록 | 1962. 1. 10. No.300-1962-1
주소 | 서울시 종로구 경희궁1길 6 (03176)
전화 | 02)738-6555(본사) · 02)3159-7979(영업)
팩스 | 02)739-3824(본사) · 080-022-8585(영업)

기획편집 | 박혜주
디자인 | 오수지
인쇄 | 주손디앤피
제본 | 주손디앤피

ISBN 978-89-04-05035-2 (03230)

저작권자의 허락 없이 이 책의 일부 또는 전체를
무단 복제, 전재, 발췌하면 저작권법에 의해 처벌을 받습니다.

[나는 왜
Why I Believe
믿는가?]

제임스 케네디 지음 | 이여진 옮김 | 김만풍 감수

생명의말씀사

[추천사]

현대교회가 안고 있는 큰 고민거리가 하나 있습니다. 그것은 구원을 너무 손쉽게 얘기하는 겁니다. 기독교의 구원, 기독교의 은혜를 쉽게 알기 때문에 쉽게 받고 쉽게 방치합니다.

그러나 지금 우리는 사방에 혼란스런 사상이 만연해 있는 시대를 살고 있습니다. 수많은 불신자와 타종교가 당신을 공격할 때 당신은 당신 안에 있는 소망의 이유를 대답할 수 있습니까? 당신은 당신이 믿는 것을 왜 믿고 있는지 분명히 알고 있습니까?

사랑의교회는 주님의 제자들을 복음의 전파자로 키우기 위해 오랜 시간 전도폭발 훈련을 해 왔습니다. 전도폭발의 설립자인 제임스 케네디 박사는 이 책에서 기독교가 단순히 맹목적 신앙이나 감정적인 편견을 토대로 하는 종교가 아님을 분명히 말하며 모든 그리스도인이 약간의 지식적 노력을 기울여 우리가 믿는 것을 분명히 알아야 함을 이야기합니다.

'나는 예수 믿습니다.' 쉽게 이야기하지 말고 기독교가 무엇인지 예수님은 하나님은 어떤 분이신지를 바로 알기 바랍니다. 우리의 믿음을 전하기 위해 그리고 우리의 믿음을 확고히 하기 위해 모든 성도들이 꼭 이 탁월한 변증서를 읽어 볼 것을 추천합니다.

_ 옥한흠 목사

[추천사]

"너희 속에 있는 소망에 관한 이유를 묻는 자들에게는 대답할 것을 항상 예비하되 온유와 두려움으로 하라"(벧전 3:15). 이 말씀으로 시작된 이 책은 주변의 불신자들이 물어 오는 여러 가지 반대 의견들에 대해 성경 말씀과 함께 역사적, 고고학적인 객관적인 근거 자료를 가지고 명료한 답변을 제시할 수 있어야 함을 피력하고 있습니다.

일상생활이나 전도 현장에서 무신론자나 타종교인들이 내가 믿는 예수를 소개해 달라고 요구할 때마다 대다수 성도들은 성경말씀 몇 구절을 암송하여 전하거나 자신의 체험이나 간증을 전달할 뿐, 구체적으로 그들의 질문에 대해 확신 있게 답변하지 못하는 경우가 많습니다.

특별히 하나님을 믿는다고 하면서도 명확하게 기독교 신앙의 근거를 제시하지 못해 고민하거나 안타까워하는 평신도들을 위해 케네디 목사는 명쾌하고 속 시원한 변증들을 소개하고 있습니다.

이 책은 김만풍 목사가 〈내가 믿는 이유〉라는 제목으로 번역해 전도폭발 한국본부에서 실시하는 3단계 훈련 과정의 필독서로 활용되어 왔으며 수많은 전도자를 세우는 데 기여해 왔습니다. 이번에 생명의말씀사에서 새로이 번역해 소개하는 〈나는 왜 믿는가?〉가 한국교회 성도들에게 널리 읽혀져서 확실한 믿음을 가진 성도, 건강한 교회가 더 많이 세워지기를 기대합니다.

_ 이창호 목사(전 전도폭발 한국본부 총무)

추천사 _옥한흠 목사 · 4
추천사 _이창호 목사 · 6
서문 _ 당당히 믿음의 이유를 말하라 · 10

chapter 01 "성경은 인간이 쓴 글일 뿐이잖아."
　　　　　　내가 **성경**을 믿는 이유 1 · 14

chapter 02 "성경의 역사적 기록은 신빙성이 없어."
　　　　　　내가 **성경**을 믿는 이유 2 · 31

chapter 03 "신이 있다니, 비과학적이기 짝이 없군!"
　　　　　　내가 **하나님**을 믿는 이유 · 46

chapter 04 "모든 과학자들이 진화론을 믿는 걸 모르나?"
　　　　　　내가 **창조**를 믿는 이유 · 69

chapter 05 "지금 잘 살면 되지 죽은 후의 삶이 어딨어?"
　　　　　　내가 **천국**을 믿는 이유 · 89

chapter 06 "불신지옥이라니, 정말 거슬리는군!"
　　　　　　내가 **지옥**을 믿는 이유 · 105

chapter 07 "절대적인 진리 따위는 없어!"
　　　　　　내가 **도덕적 절대 원칙**을 믿는 이유 · 121

chapter 08 "예수가 정말 실존 인물이긴 해?"
내가 **그리스도**를 믿는 이유 · 145

chapter 09 "처녀가 아이를 낳다니, 그런 건 허구에 불과해."
내가 **동정녀 탄생**을 믿는 이유 · 164

chapter 10 "예수의 부활은 제자들의 사기 아니면 환상이야."
내가 **부활**을 믿는 이유 · 179

chapter 11 "종교재판, 전쟁! 기독교의 악영향을 생각해 보라고!"
내가 **기독교**를 믿는 이유 · 198

chapter 12 "새롭게 되었다니 우리랑 뭐가 다르단 거야?"
내가 **거듭남**을 믿는 이유 · 215

chapter 13 "당신 안에 하나님의 영이 있다니 무슨 말이야?"
내가 **성령**을 믿는 이유 · 231

chapter 14 "예수가 다시 온다지만 이천 년간 세상은 멀쩡히 있다고!"
내가 **그리스도의 재림**을 믿는 이유 · 245

각주 · 258

서문

당당히 믿음의 이유를 말하라

성경은 "너희 속에 있는 소망에 관한 이유를 묻는 자에게는 대답할 것을 항상 준비하되 온유와 두려움으로 하라"고 말한다(벧전 3:15). 이 말씀은 단순히 좋은 충고가 아니라, 하나님이 하신 명령이다!

최근에 나는 우연히 청취자들이 전화로 참여하는 라디오 프로그램에 무신론자가 초대되어서 자기 견해를 자세히 설명하는 것을 들었다. 나는 방송국에 전화로 연결되려고 무척 애를 쓰면서, 기독교인 청취자 십여 명이 그 무신론자와 말하는 것에 귀를 기울였다.

그 무신론자가 쉽게 그 기독교인들을 씹어서 뱉어버리는 것을 들으며 나는 간담이 서늘해졌다. 전화를 건 기독교인들 모두 자기 신앙을 지적인 논리로 설명하지 못하는 것 같았다. 그들은 "성경은 이러 이러하게 말한다"는 말로 자기가 말하는 것을 뒷받침하기 시작하곤

했다. 그 무신론자는 이렇게 받아쳤다. "그럼 당신은 왜 성경을 믿습니까?" 모두들 "내가 성경을 마음속에 받아들였으니까요"와 같은 말을 더듬거리며 목소리를 낮추었다. 그 무신론자는 대답했다. "내 마음 속에는 성경이 없습니다. 그래서 나는 성경을 믿지 않습니다."

나는 기독교인들이 자기 안에 있는 소망의 이유를 제시할 수 있는 것이 특히 이 시대에 중요하다고 판단하고, 내가 실제적으로 도움이 되는 일을 해 보겠다고 결심했다. 이 책이 그 결과물이다.

우리는 사방에서 불신자와 타종교들의 도전에 직면한다. 텔레비전과 책과 잡지들이 교묘한 방법으로 우리의 믿음을 의심하게 만든다. 우리는 성육신하신 로고스(Logos, 말씀), 다시 말해 하나님의 논리이신 분을 예배하는 기독교인이기 때문에 우리의 기본적인 믿음에 내놓고 적대적인 사람들에게 말할 준비가 되어 있어야 한다. 우리가 믿음을 변호하지 못해서 침묵한다면 하나님께 죄를 짓는 것이다.

그뿐 아니라 자신의 소망에 대한 이유를 준비하지 않고 자신이 믿는 것을 왜 믿고 있는지 모른다면, 우리는 다른 사람들에게 기독교가 단순히 맹목적 신앙이나 감정적인 편견을 토대로 하는 종교라는 인상을 주게 된다. 이것이야말로 절대 진실이 아니다!

우리는 기독교에 대한 증거를 조금도 살펴보지 않고서 기독교를 거절하는 사람들을 편파적이라고 종종 비난한다. 그런데 누군가가 증거를 살펴보지도 않고 기독교를 받아들인다면, 그것 역시 편견이나 경솔한 믿음에 지나지 않을 것이다.

성경은 우리에게 모든 것을 살펴보고 좋은 것을 굳게 붙잡으라고 말한다. 그러나 부끄러워하지 않아도 될 일꾼이 되려면 어느 정도 지적인 수고를 감당해야 하기 때문에 우리는 그 말씀대로 하기를 주저하는 경우가 많다. 우리가 신앙의 근거와 토대를 살펴보지 않으면, 사탄은 우리의 무지를 이용하여 우리의 믿음을 공격하고 우리가 어려움을 겪을 때 우리 마음에 의심의 씨앗을 뿌린다.

나는 내가 믿는 이유를 말하면서, 기독교인 독자들이 자기 믿음을 분명히 이해하여 신앙을 더 명확하게 표현하고 변호하도록 도와주고 싶다. 또 나는 그리스도를 믿는 결단에 아직 이르지 않았을 많은 사람들이 이 책을 읽고 결단하여 구원 얻는 믿음에 이르기를 소망한다.

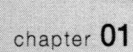

"성경은 인간이 쓴 글일 뿐이잖아."
내가 성경을 믿는 이유 1

> 내가 …… 선지자 하나를 그들을 위하여 일으키고 내 말을 그 입에 두리니
> 내가 그에게 명령하는 것을 그가 무리에게 다 말하리라(신 18:18).

                  내가 성경을 믿는 이유는 많다. 첫째, 하나님이 직접 말씀하셨기 때문이다. "내가 …… 선지자 하나를 그들을 위하여 일으키고 내 말을 그 입에 두리니"(신 18:18).

자기가 하나님 말씀을 대언하고 있다고 주장하는 사람들이 많지만, 그들은 정말로 하나님 말씀을 전하고 있는 것일까, 아니면 거짓 선지자들일까? 하나님은 구별할 수 있는 방법이 있다고 말씀하신다. "만일 선지자가 있어 여호와의 이름으로 말한 일에 증험도 없고 성취함도 없으면 이는 여호와께서 말씀하신 것이 아니요 그 선지자가 제 마음대로 한 말이니 너는 그를 두려워하지 말지니라"

(신 18:22).

"나는 하나님이라 나 외에 다른 이가 없느니라 나는 하나님이라 나 같은 이가 없느니라 내가 시초부터 종말을 알리며 아직 이루지 아니한 일을 옛적부터 보이고"(사 46:9-10). "이것으로써 너희는 알 것이니……" 이것은 성경에 기록된 예언의 정확성과 관련이 있다.

성경은 "예언을 멸시하지 말고 범사에 헤아려 좋은 것을 취하고"라고 한다(살전 5:20-21). 많은 이들이 하나님의 예언을 멸시해 왔다. 예언을 검토하거나 시험해서 예언이 믿을 만한지, 사실인지를 판단해 본 적이 없기 때문이다. 그들은 아마도 예언은 진짜가 아니거나, 혹은 너무나 진부해서 해석하기 쉽다고 생각했을 것이다. 그러나 성경의 예언은 아주 구체적이고 현실적이며 참된 예언이다. 다른 아무 곳에도 없는 독특한 예언이다.

불교나 유교, 도교의 모든 책에는 앞날에 대한 예언이 하나도 없다. 마호메트가 쓴 코란에는 구체적인 예언이 딱 하나 있는데, 마호메트 자신이 메카로 돌아갈 것이라는 내용이다. 그것은 저절로 성취되는 것이다. 이것은 예수님 자신이 무덤에서 다시 나오실 것이라고 하신 예언과는 완전히 다르다. 마호메트의 예언은 쉽게 성취될 수 있지만, 예수님의 예언은 어떤 인간도 실행할 수 없다.

성경과 같은 예언은 없다

진 딕슨(Jean Dixon)은 미국에서 소위 예언자라고 불리는 사람 중에 가장 이름이 알려진 사람이다. 딕슨은 그럴듯한 추측을 몇 가지 했다. 딕슨이 추측한 일이 성경의 예언들처럼 실제로 정확하게 일어났을까? 1952년과 1956년, 1960년에 있었던 세 차례 미국 대선 기간에 진 딕슨은 선거에서 누가 다수당의 후보가 될지, 누가 각 대선에서 이길지 예언했다. 이 예언이 얼마나 이루어졌을까? 딕슨은 누가 후보가 될지, 어느 당이 다수당이 될지, 누가 대선에서 이길지 하나도 맞추지 못했다.

내 아내는 〈내셔널 인콰이어러 National Enquirer〉에 몇 년 전에 실린 기사 하나를 보관해 두었는데, 그 기사는 현재 세계에서 손꼽히는 선견자나 예언자 10명이 그 해의 후반 6개월 동안 일어날 사건들을 예측한 것을 싣고 있었다.[1]

나는 그 예언 61개를 면밀히 살펴보았다. 그 중에 실제로 일어난 일이 몇 가지나 되는지 아는가? 하나도 없다! 나는 어떤 사람이 61가지 일을 예측했다면 적어도 하나는 운 좋게 맞아야 한다고 생각했다. 아마 하나님은 사람들이 미래를 예측하는 것이 얼마나 불가능한지를 보여 주고 싶으셨던 것 같다.

위대한 역사가인 존 거스트너(John Gerstner) 박사는 미래를 예측하는 것이 얼마나 어려운지 역사가들은 알고 있다고 말했다. 미래라는 바퀴는 수많은 '만약에' 위에서 돌아가기 때문이다. 성경과 관련해서는 어떠한가? 구약 성경에만 해도 2천여 예언이 있다. 운 좋게 맞출 추측 몇 개가 있는 것이 아니라는 말이다.

이렇게 말하는 사람도 있을 것이다. "그 예언들 역시 아폴로 신전의 신탁이나 시빌의 신탁처럼 그저 모호하고 막연한 예언이겠지요." 로마 황제인 막센티우스는 시빌의 신탁에게 만일 자기가 티베르 강 건너에서 로마를 향해 다가오고 있는 콘스탄티누스의 군대를 공격하면 어떤 일이 일어날지를 물어봤다고 한다. 신탁의 대답은 이러했다. "그날에 로마의 원수가 멸망당할 것이다." 그래서 막센티우스는 승리를 자신하고서 콘스탄티누스의 군대를 공격했는데, 멸망당한 것은 바로 막센티우스였다. 그 신탁은 사실 누가 로마의 원수인지 명확히 말하지 않았다. 신탁은 이런 형태여서 결과가 어떻든 간에 예언은 성취되었다.

반면에 성경의 예언은 무척 구체적이며 상세하다. 성경의 예언은 반드시 그대로 성취되어야 하는 것들이다. 그 예언들은 전에 전혀 일어난 적이 없는 일들이기 때문에 그저 그럴듯한 추측이 될 수가 없다. 성경의 예언들은 인간이 자연스럽게 예상하는 것과는 정반대되는 것을 예언한다. 그 예언들은 사건이 일어난 후에 기록되고서는 예언인 척하며 꾸며 놓은 것이 아니다. 성취된 예언 중에는 그 예언자가 죽고 수백 년이 지나서야 성취된 예언이 수백 가지가 있기 때문이다. 예언은 구약 성경이 완성된 다음에, 심지어는 기원전 150년경에 구약 성경이 헬라어로 번역되던 때에야 성취된 경우가 많다.

이렇게 대단히 구체적이고 놀라운 예언에는 무엇이 있을까? 구체적인 예언 2천여 가지가 이미 성취되었다. 예를 들어 성경의 예언은 이스라엘이 관계를 맺은 많은 도시들과, 이스라엘과 접촉하거나 가까이에 있던 수십 개 나라들을 다루고 있다. 그런 나라와 도시들의 미래 전체가 구약 성경에 서술되어 있으며, 좋은 백과사전이 있는 사람이라면 누구든지 그 예언의 정확성을 확인할 수 있다.

두로와 시돈에 대한 구체적 예언 성취

지중해 동쪽 연안에 있던 두로와 시돈이라는 대도시 두 개를 살펴보자. 육상에 바벨론이 있었다면 해상에는 두로가 있었다. 카르타고라는 대도시가 두로의 딸들 중 하나일 뿐이었다. 그런데 두로가 한창 번성하던 시절에 구약의 선지자는 두로가 멸망해서 재건되지 않을 것이며 결코 다시는 사람이 거주하지 못하게 되리라고 선포했다(겔 26:19-21).

시돈에 대해서는, 많은 사람이 죽겠지만 도시는 계속 남아 있을 것이라고 경고했다(겔 28:21-23). 사실을 살펴보면 시돈은 침략을 당하고, 자신의 왕에게 배반을 당해 4만 명이 죽임을 당했지만, 오늘날까지 시돈이라는 도시는 남아 있다.

두로에는 어떤 일이 일어났을까? 두로에 대한 구체적인 예언이 있다. 에스겔은 두로가 전성기를 누릴 때 이렇게 선포했다. "그들이 두로의 성벽을 무너뜨리며 그 망대를 헐 것이요 나도 티끌을 그 위에서 쓸어 버려 맨 바위가 되게 하며 바다 가운데에 그물 치는 곳이 되게 하리니 내가 말하였음이라 주 여호와의 말씀이니라 …… 또 네 돌들과 네 재목과 네 흙을 다 물 가운데에 던질 것이라 …… 너를 맨 바위가 되게 한즉 …… 다시는 건축되지 못하리니 나 여호와가 말하였음이니라 주 여호와의 말씀이니라"(겔 26:4-5, 12-14).

이 예언이 기록되고 몇 년 후에 바벨론의 느부갓네살이 군대를 데리고 와서 두로를 포위했다. 13년 동안 두로는 이 바벨론 왕에게 맞서 견뎌 냈지만, 마침내는 도시의 성벽이 무너졌으며, 바벨론 군대가 떼를 지어 성 안으로 쏟아져 들어가서 남아 있던 사람들을 칼로 죽였다. 그러나 수천 명이 배를 타고 바다를 건너 도망하여 지중해에서 800미터 떨어진 한 섬에 새로 두로를 건설했다. 그러므로 예언은 부분적으로만 성취되었다.

그 후 수세기가 지나갔다. 에스겔이 무덤에서 썩어가고 있던 250년 후에도 두로의 성벽 대부분은 그 예언이 아직 성취되지 않았다는 사실을 말없이 증거하며 여전히 하늘을 향해 튀어 나온 채로 서 있었다. 바위 수천 톤과 돌과 재목이 남아 있었다. 하지만 하나님은 그 도시가 맨 바위처럼 깨끗하게 벗겨지리라고, 도시의 돌과 재목과 흙이 바다에 던져질 것이라고 말씀하셨다.

어떤 미친 사람이 250년 후에 와서 아직 다 이루어지지 않은 이 예언을 완성할 수 있었겠는가? 마치 하나님이 틀리신 듯이 보였지만, 성경은 "주 여호와의 말씀이니라"라고 선포했었다.

그러다가 갑자기 강력한 정복자가 북쪽 지평선에 나타나면서 두려움이 엄습했다. 알렉산더 대왕이 강력한 페르시아 제국을 공격할 준비를 하며 다르다넬스 해협에서 태세를 갖추고 있었다. 알렉산더는 해협을 건너서 페르시아 왕에게 첫 번째로 압도적인 승리를 거두었다. 페르시아 대군은 방향을 돌려서 남쪽으로 달아나다가 동쪽 내륙으로 갔고 알렉산더가 맹렬하게 추격했다. 하지만 내륙으로 방향을 돌려서 도망가는 페르시아 군대를 따라 가기 전에, 훌륭한 전략가이던 알렉산더는 강력한 페르시아 해군의 영향력을 무력화하기로 결심했다. 알렉산더는 지중해 동쪽에 있는 모든 항구를 봉쇄했다. 도시들이 하나씩 저항을 그만두고 항복했다.

마침내 알렉산더는 지중해 해안에서 800미터 떨어진 섬에 견고한 성벽으로 건설된 새 두로에 왔다. 알렉산더가 도시에 항복을 명했다. 새 두로의 주민들이 그 명령을 비웃자 알렉산더는 자신의 참모인 디아데스와 함께 전쟁 역사상 가장 과감하고 대담한 계획을 생각해 냈다. 그들은 지중해 해안에서 새 두로까지 이르는 800미터를 가로질러 둑길을 건설하고자 했다.

둑길을 만들 자재를 어디에서 구했을까? 대왕은 이렇게 명령을 내렸다. "두로의 성벽을 헐어서 그 재목과 돌, 잡석과 통나무를 가져와서 바다에 던지라." 그래서 알렉산더의 위대한 군사들은 충실하게 하나님의 말씀을 성취하기 시작했다.

몇 년 전에 나는 알렉산더 대왕에 대해 찰스 머서(Charles Mercer)가 쓴 작은 책을 샀다. 그 책에는 이 사건에 대한 가장 놀라운 묘사가 담겨 있다. "두로 본토는 파괴되었으며, 두로의 잡석들은 건축현장으로 옮겨졌다. 그러는 동안 통나무들이 레바논의 숲에서 끌려왔으며, 산에는 채석장이 개설되어서 디아데스의 전설적인 큰 길에 돌을 공급했다. …… 알렉산더도 직접 등에 돌을 지고 날랐다."[2]

"잡석, 통나무, 돌!" 이것은 수천 년 전에 선지자 에스겔이 말한 물건들이다. 돌과 재목과 흙이 옮겨져 바다에 던져졌다. 역사는 사람들이 새 두로를 무너뜨릴 도로를 만드는 데 필요한 것들을 얻기 위해 옛 두로를 벗겨냈다는 것을 말해 준다. 새 두로는 마침내 포위되었고, 무너졌으며, 파괴되었다.

하지만 예언은 여전히 완전히 성취되지 않았다. 하나님은 두로의 성벽을 무너뜨리시고, 두로를 맨 바위처럼 만들겠다고 말씀하셨다. 두로가 그물을 펼쳐 놓는 곳처럼 될 것이라고 말씀하셨다. 우리 교회 교인 중 한 명이 최근에 두로에 갔다가 새 두로의 사진을 갖고 돌아왔다. 사진에는 한때 두로라는 오만한 도시가 있던 평평한 바위에 그물이 깔려 있었다. "내가 말하였음이라 주 여호와의 말씀이니라"(겔 26:5). 어떤 불신자에게든지 이 예언을 설명하라고 해 보라!

사마리아와 예루살렘의 예언 성취

사마리아와 예루살렘이라는 다른 두 도시를 생각해 보자. 사마리아는 북 이스라엘의 수도였고, 예루살렘은 남유다의 수도였다. 이 도시들이 모두 전성기일 때, 선지자들은 예루살렘이 멸망당하고 주민들이 모두 옮겨질 뿐 아니라 성벽도 무너질 것이라고 선포했다(렘 24:9; 29:21; 35:17). 선지자들은 더 나아가 예루살렘과 그 성벽이 재건될 것이며, 사람들이 돌아올 것이라고도 말했다(사 4:3-6). 사마리아에 대해서는 사마리아의 성벽이 파괴될 것이며, 사마리아가 포도밭이 될 것이고, 그 기초가 드러나리라고 말했다(미 1:5-6). 예루살렘 성벽은 어떤가? 예루살렘 성벽은 무너졌지만 다시 세워졌다. 나는 예루살렘의 거대한 성벽 위에서 걸어본 적이 있다.

내가 사마리아에 갔을 때와 관련해서는 세 가지 일이 생각난다. 나는 나중에 그것이 성경이 언급하는 구체적인 예언 세 가지라는 것을 배웠다. 우선 높은 산꼭대기에 있는 가파른 성벽에서 아래를 내려다보면서 한때는 사마리아의 성벽에 있던 큰 돌들이 골짜기에 있는 것을 본 것이 생각난다. 또 여행 안내원이 포도밭과 올리브 나무와 다른 다양한 나무들을 가리키던 것도 생각난다. 한 때 사마리아에 있던 거대한 요새의 기초를 보여 주는, 땅속으로 9-12미터 파내려 간 유적 발굴지를 본 것도 생각난다. "이러므로 내가 사마리아를 들의 무더기 같게 하고 포도 심을 동산 같게 하며 또 그 돌들을 골짜기에 쏟아 내리고 그 기초를 드러내며"(미 1:6). 예루살렘 성벽이 오늘날 파괴되어 있다면? 사마리아 성벽이 다시 건축된다면? 예언이 틀린 것으로 보일 것이다.

에돔의 도시들에 대한 예언들은 무엇이었는가? 에돔은 사해 근처에서 하나님의 백성을 대적하던 나라였다. 그래서 하나님은 에돔에 대해 저주를 선언하셨다. "주 여호와께서 이같이 말씀하시되

세일 산아 내가 너를 대적하여 내 손을 네 위에 펴서 네가 황무지와 공포의 대상이 되게 할지라 내가 네 성읍들을 무너뜨리며 네가 황폐하게 되리니 네가 나를 여호와인 줄을 알리라 …… 너를 영원히 황폐하게 하여 네 성읍들에 다시는 거주하는 자가 없게 하리니 내가 여호와인 줄을 너희가 알리라"(겔 35:3-4, 9).

알렉산더 키스(Alexander Keith)는 무신론자들이 이 예언과 관련하여 한 말을 모아 보았다.(그 무신론자들은 자기들이 예언에 대해 언급하고 있다고는 전혀 생각하지 못했으며, 그저 그 장소에 대해 언급을 했을 뿐이다.) 링컨의 믿음을 흔들었던 무신론자 콘스탄틴 볼리(Constantine Volney)는 에돔에 대해서 "많은 마을들의 흔적을 만나게 된다. 오늘날 이 나라는 모두 사막이다"라고 말했다. 저명한 스위스 탐험가이자 여행가인 존 버크하르트(John Burkhardt)는 그 평야 전체가 사막이 이동하는 넓은 지역을 보여준다고 단언했다.

기독교인인 스티븐(Stephen)은 에돔의 큰 도시 중 하나였던 페트라의 폐허 위에 서서 이렇게 선언했다. "무신론자가 나처럼 이 도시의 유적 가운데, 바위들 가운데 서서, 성경을 펼치고 이 황무지가 세상에서 큰 도시 중 하나이던 때에 영감을 받아 쓴 글을 읽었으면 좋겠다. 이 폐허가 된 도시가, 죽은 자들 가운데서 다시 살아나신 분의 목소리처럼 크고 힘 있는 목소리로 그 무신론자에게 소리 지를 때 그의 비웃음이 정지되고, 뺨이 창백해지며, 입술이 떨리고, 심장이 두려움으로 전율하는 것을 볼 수 있을 것이다. 그가 모세와 선지자들을 믿으려고 하지 않더라도, 하나님이 직접 손으로 쓰신 것과 자기 주위에 있는 황무지와 영원한 폐허는 믿을 것이다."

바벨론에 대한 예언 성취

고대에 가장 큰 도시였을 바벨론이라는 웅장한 도시를 생각해 보자. 바벨론의 성벽은 길이가 22-25킬로미터였다. 이 도시는 508평방킬로미터의 가장 아름다운 건축물인 공중 정원과 궁전, 사원과 탑으로 구성되어 있었다. 바벨론은 다른 나라에서 물품을 공급받을 필요가 없었다. 문자를 고안했으며, 산술 문제들을 해결했고, 시간을 측정하는 도구를 발명했으며, 과학에 있어서 이전 어느 민족들보다 훨씬 앞섰다.

그러나 하나님은 바벨론이 세상에서 가장 큰 도시였을 때 바벨론에 대해 말씀하셨다. "열국의 영광이요 갈대아 사람의 자랑하는 노리개가 된 바벨론이 하나님께 멸망당한 소돔과 고모라 같이 되리니"(사 13:19).

바벨론의 종말에 대한 구체적인 예언이 백여 가지 있다. 바벨론의 거대한 성벽에 대한 예언을 살펴보자. 역사가 헤로도토스

(Herodotus)는 60미터 높이의 그 성벽 위로 90미터 높이의 탑들이 솟아 있었다고 말한다. 성벽은 아래쪽 두께가 57미터였으며, 넓이가 508평방킬로미터인 땅을 둘러싸고 있었다. 바벨론은 철옹성이었다. 하지만 하나님은 그 탑과 도시에 대해 말씀하셨다. "바벨론의 성벽은 훼파되겠고…… 영원한 폐허가 되리라"(렘 51:58, 62). 이 예언이 모호하고 막연한가? 절대 그렇지 않다!

중국의 만리장성은 그만큼 크거나 강하지도 않고 더 오래됐지만, 오늘날에도 여전히 서 있다. 예루살렘 성벽도 여전히 서 있다. 그런데 바벨론 성벽은 어떠한가? 메이저 케펠(Major Keppel)은 자신의 여행에 대해 쓴 〈이야기Narrative〉에서 "우리는 그 성벽의 흔적을 전혀 찾지 못했다"고 말한다.

바벨론 성벽은 파괴되었는데, 그 파괴는 서서히 일어났다. 선지자가 바벨론 성벽이 파괴된 후에 예언을 썼을 수가 없다. 그 예언은 그리스도가 오신 시대까지도 완전히 성취되지 않았기 때문이다. 그리스도가 오시기 전에 구약이 완성됐고, 3백 년 전에 헬라어로 번역됐다.

4세기에 배교자 율리아누스가 로마 황제가 되었다. 율리아누스는 기독교를 없애고 로마의 다신교를 다시 세우기를 몹시 원했다. 그런데 바벨론 옛터 근처에서 페르시아와 전쟁을 하는 동안 율리아누스는 남아 있는 바벨론 성벽이 페르시아 군대를 보호하지 못하게 하려고 성벽을 완전히 파괴했다. 그래서 이 예언은 역사상 성경을 가장 적대한 인물에 의해 성취됐다.

그러나 하나님은 바벨론에 대해 그 이상의 일을 말씀하셨다. "여호와의 진노로 말미암아 주민이 없어 완전히 황무지가 될 것이라…… 영원히 주민이 없으며 대대에 살 자가 없으리라"(렘 50:13,39). 어떤 예언이 이보다 더 구체적일 수 있을까? 이 예언이 성취됐을까?

나는 바벨론 사진을 본 적이 있다. 바벨론은 흙무더기로 덮이고 자칼과 독사와 전갈만 사는 길 없는 황무지이다. 무신론자들도 바벨론은 흙더미일 뿐이라고 묘사하며, 폐허가 바벨론의 유일한 자취를 이루고 있다고 말한다. 초석이 스며들은 쓰레기 더미와 같은 바벨론 옛터에는 아무것도 경작할 수 없다. 바벨론 주위의 들판은 헤로도토스가 정신 나간 사람 취급을 당할까봐 그 비옥함을 기록하지 않을 정도로 비옥했는데, 이제는 아무것도 자랄 수 없는 땅이 되었다. 하나님이 그 지역을 영원히 황폐하여 풀잎 하나 살지 못하도록 심판하셨기 때문이다. 그곳이 한때 사람이 살던 곳이라는 것을 거의 유일하게 알려 주는 것은 바벨론의 폐허뿐이다.

바벨론에 대한 구체적이지만 모순되는 것 같은 두 예언을 보자.

"바다가 바벨론에 넘침이여 그 노도 소리가 그 땅을 뒤덮었도다"(렘 52:42). 다른 예언에서는 바벨론을 "황폐하여 마른 땅과 사막"이라고 묘사한다(렘 52:43). 이제 그 놀라운 성취에 주목하라.

클로디어스 제임스 리치(Claudius James Rich)는 〈1811년 바벨론 유적 여행 이야기Narrative of a Journey to the Site of Babylon in 1811〉에서 이렇게 지적한다. "일 년에 두 달 동안 바벨론 옛터는 유프라테스 강의 범람으로 물에 잠겨서, 골짜기가 저습지로 변하기 때문에 많은 부분이 접근할 수 없는 곳이 되어 버린다." 물이 빠지고 나면 가장 낮은 흙더미조차도 다시 햇볕에 타는 폐허가 되고, 바벨론 유적지는 칼데아의 다른 도시들처럼 건조한 황무지, 바짝 말라서 타는 광야가 된다.

게다가 하나님은 바벨론이 재건되지 못할 것이라고 하셨다. 이것은 그 전의 모든 예상과 완전히 대치되는 예언이었다. 당시 근동의 모든 도시들은 파괴되었다가도 다시 세워졌다. 바벨론은 유프라테스 유역에서 가장 비옥한 지대였지만, 예언대로 2500년이라는 시간이 흐른 오늘날까지도 사람이 살지 않는 황무지로 남아 있다.

하나님이 그 도시가 다시는 세워지지 않을 것이라고 말씀하셨지만, 역사상 가장 강력한 인물인 알렉산더 대왕이 바벨론을 재건하기로 결심했다. 폐허가 된 바벨론으로 건너온 알렉산더는 바벨론을 자신의 세계적인 제국의 수도로 만들기로 했다. 알렉산더는 바벨론을 재건하기 위해 병사들에게 60만 명분 식량을 배급했다.

하나님이 틀리셨다는 것이 증명되었을까? 역사에는 알렉산더 대왕이 바벨론 재건을 선포한 직후 갑자기 죽었으며, 그 계획 전체가 폐지되었다는 사실이 기록되어 있다. 하나님께서 바벨론이 다시는 건축되지 않으리라고 말씀하셨기 때문이다.

예언하시며 성취하시는 하나님

이것은 성경의 구체적인 예언 2천여 개 가운데 몇 가지에 불과하다. 성경을 인간이 쓴 글이라고 말하는 사람들은 이 주제에 대한 무지를 드러내고 있을 뿐이다. 종교적인 것이든 비종교적인 것이든, 세상의 모든 문학 작품 중에 성경과 같은 것은 없다.

"나는 처음이자 나중이며, 나는 시작이고 끝이며, 나는 모든 것을 아는 자다. 나는 아직 일어나지 않은 일들을 선포하는 자다"라고 말하실 수 있는 하나님의 손이 이 성경을 쓰셨다. 예언은 약속이기도 하다. 나는 하나님이 우리에게 하나님의 약속을 믿는 법을 가르치시려고 2천 개가 넘는 예언을 주셨다고 믿는다. 하나님은 예루살렘 성벽이 재건될 것이며, 바벨론 성벽은 결코 재건되지 않을 것이며, 두로는 멸망할 것이며, 시돈은 존속하리라고 약속하셨다. 우리가 하나님의 약속을 믿을 수 있도록 말이다.

하나님은 또 그 아들을 믿는 자는 결코 죽지 않고 영생을 얻을 것이며, 그 아들을 믿지 않는 자는 생명을 보지 못하고 하나님의 진노가 영원히 그와 함께 있을 것이라고도 약속하셨다. 이미 실현된 예언 2천여 개가 이 말씀의 진실성과 성취의 확실성을 증명한다. 이것을 무시하는 사람들이 자신의 멸망에 대해 원망할 사람은 자기 자신뿐이다.

chapter 02

"성경의 역사적 기록은 신빙성이 없어."
내가 성경을 믿는 이유 2

대답하여 이르시되 내가 너희에게 말하노니
만일 이 사람들이 침묵하면 돌들이 소리 지르리라 하시니라(눅 19:40).

                  18세기 후반에 고등비평학파라고 알려진 것이 독일에서 발전하기 시작해 19세기 중반에 절정에 다다랐다. 이 시대의 문학 학자들은 문학적인 전제를 기초로 하여 모든 결론을 내렸다. 그들은 성경을 갈가리 찢은 후에 그것을 완전히 다르게 짜 맞추었다.

  예수 그리스도께서는 사람들이 예수님을 찬양하지 않으면 돌들이 소리 지를 것이라고 말씀하셨다. 성경에 대한 비평학파의 공격에 대해 기독교의 지도층 학자들이 침묵하자 하나님은 그 예언을 성취하기 시작하셨다. 돌들이 소리 지르기 시작한 것이다.

고고학의 발견

고등비평학파가 성장할 때, 19세기 초반에 시작된 학문인 고고학도 성장했다. 많은 이들은 고고학이 고등비평의 연구결과들을 확증해 줄 것인지 아니면 성경의 역사에 대한 믿음을 확증해 줄 것인지 궁금해 했다. 공상이 사실로 입증될 것인가 아니면 비평학자들의 공상이 사실 앞에서 무너질 것인가?

하나님 말씀의 주요 메시지를 전하는 데 쓸데없어 보이는 자세한 묘사가 성경에 왜 그렇게도 많이 있는지 의아해 한 적이 있을 것이다. 예를 들어서 민수기 33장에는 출애굽할 때 거쳐 간 42개 지명의 목록이 있다. 다른 곳에서도 수십 개 성읍, 장소, 왕들, 개인들을 언급하고 있다. 성경을 읽는 이들은 종종 "누가 누구를 낳았다"는 족보와 민족들과 역사의 수렁에 빠지며, 왜 그 모든 것들을 빼버리고 곧바로 핵심 메시지로 들어갈 수는 없을까 하고 생각한다.

사실, 성경을 편집하려고 시도하면 자기가 성경의 주요한 기관들을 모르는 사이에 잘라 버리고 있다는 것을 깨닫게 된다. 토레이(R. A. Torrey)는 이렇게 말했다. "지폐에 있는 워터마크(지폐의 불법 복제를 막기 위해 개발된 복제 방지 기술 - 옮긴이 주)는 지나치게 상세한 설명인데, 워터마크에는 지폐의 제작 시기와 제작 방식에 대한 지울 수 없는 증거가 담겨 있다."[1] 워터마크에서 그 지폐의 출처와 같은 여러 사항들을 탐지해낼 수 있는 것처럼, 고고학은 성경에 나오는 상세한 설명을 통해 성경에 대한 방대한 정보를 밝혀내 왔다.

법정에서 변호사들은 자주 현재 사건과는 직접적으로 관련이 없어 보이는 세세한 질문을 증인들에게 한다. 변호사들은 증인이 진실을 말하고 있는지 거짓을 말하고 있는지를 다양한 방법으로 확인하려는 것이다. 어느 역사학자에 따르면, 잘 알려진 역사의 한 가운데에 거짓이 들어앉게 하는 것은 불가능하다고 한다. 세부 사항이 사실로 확증되거나 부인되면, 전체 이야기의 진실성도 확증되거나 부인된다.

이런 말을 한 학자도 있다. "절대적인 진리와 지엽적인 세부 사항들(역사에서 수세기에 걸쳐 퍼져 있을 때에는 조작되는 것이 불가능한 일)은 그와 관련된 일의 진실성에 거의 절대적인 증거를 제공한다. 그와 같은 증거가 성경의 모든 부분에 있다."

창세기 14장의 증명

독일의 저명한 학자이자 동양학자 율리우스 벨하우젠(Julius Wellhausen)은 학문적으로 압도적인 신임을 얻고 있었으며 사람들은 그의 말에 귀를 기울였다. 1889년 벨하우젠으로 인해 창세기 14장이 비평학의 공격을 받았다. 창세기 14장은 메소포타미아와 바빌로니아의 네 왕이 팔레스타인으로 건너와서 소돔과 고모라의 왕을 포함한 사해 주변의 다섯 왕들의 동맹을 공격한 것을 다룬다. 네 왕이 다섯 왕에게 승리를 거두고 물건과 포로들을 끌고 갔는데, 포로들 중에 아브라함의 조카인 롯이 있었다. 이 소식을 듣고서 아브라함은 종들을 모아서 추격을 시작했고, 다메섹 근처에서 침략자들을 따라 잡아 전투를 벌였다. 아브라함은 적들을 무찌르고 롯의 가족과 모든 재산을 구해 냈다.

비평학자들은 우선 바빌로니아와 팔레스타인 사이에는 교류가 전혀 없었다고 주장했다. 그 당시에 그러한 종류의 왕래가 있었다고 언급된 것이 없으며 그러한 왕래가 일어났을 수도 없을 것이라고 했다.

벨하우젠은 이렇게 말했다. "페르시아만에서 온 네 왕이 '아브라함의 시대에' 시나이 반도를 습격했다는 것, 그들이 이때에 사해 연안에 있던 다섯 왕들을 공격해서 그들을 포로로 끌고 갔다는 것, 그리고 마지막으로 아브라함이 퇴각하던 정복자들을 종 318명을 데리고 추격해서 그들이 전리품을 토해 내게 했다는 것, 이 모든 사건들이 사라져 버린 세계에 있었다는 사실로 볼 때 전혀 신빙성이 없으며 완전히 불가능한 사건들이다."[2)]

벨하우젠만 그런 생각을 했던 것이 아니다. 대비평가인 놀테케(Teodor Noldeke)는 성경이 역사적이라는 주장이 틀렸음을 비평학이 영원히 증명했다고 말했다.[3] 그러나 창세기 14장의 주장은 정확히 역사적인 주장이다. 이제 그 사라져 버린 세계가 다시 모습을 드러냈다. 무덤들과 여러 장소들에서 죽은 자들의 목소리가 울려 퍼졌으며, 불가능의 세계에 상당한 변화가 일어났다.

1890년 이집트의 사막에서 플린더스 피트리(Flinders Petrie) 박사와 다른 몇몇 학자들이 대규모 발굴 작업을 한 결과 페르시아만에서 온 그 네 왕이 누구인지 알게 됐다. 셈어를 바벨론어로 음역하자 아므라벨이라고 불린 왕이 다름 아닌 세상 역사에서 함무라비로 알려진 그 유명한 인물임이 밝혀졌다. 법전을 남긴 위대한 함무라비와 다른 세 왕이 내려와서 사해에서 다섯 왕들을 공격했다. 이 모든 일들이 이제는 아무 문제없이 역사적인 사실로 증명됐다. 그들의 이름과 그들이 주둔했던 지명이 확인됐다.[4]

히타이트 족과 이집트 성의 발견

비평학자들을 기쁘게 해 주던 또 다른 근거는, 성경이 고대의 역사가들이나 세상의 어느 문헌에도 언급되지 않은 수많은 왕들, 사람들, 성읍들, 민족들을 언급한다는 것이었다. 비평학자들은 고대 역사가들이 어떤 민족을 한 번도 언급하지 않았다면 분명 그런 민족은 존재하지 않았을 것이라고 생각했다. 유대인들이 맞서 싸웠다고 추측되는 '신화적'인 민족 가운데 하나는 히타이트족(한글성경에는 헷족속으로 번역 – 옮긴이 주)으로 구약 성경에서 서로 다른 장에 8번 언급된다. 어느 뛰어난 고고학자는 히타이트 같은 민족이 존재했다고 전혀 믿지 않는다고 말했다.

휴고 빙클러(Hugo Winckler) 박사가 히타이트족이 살았다고 추정되는 곳에 가서 땅을 팠을 때, 히타이트족의 수도를 포함하여 사십 개가 넘는 성읍을 발견했다. 히타이트족의 활동을 기록한 다수의 유적과 함께 말이다.[5]

성경이 서술한 히타이트와 이집트 사이의 조약에 대해서 한 영국 비평가는 이집트와 히타이트 사이에 조약이 존재하지 않을 가능성은 영국과 아메리카의 촉토 인디언 부족 사이에 조약이 존재하지 않을 가능성과 같다고 말했다. 그러나 이집트에서 발굴된 도시들 가운데 한 도시의 궁전 벽에서 이집트와 히타이트 사이에 맺은 조약 전체가 자세히 쓰인 것이 발견되었다!

이제는 바빌로니아의 수많은 비문이 히타이트가 이집트와 바빌로니아 사이에 자리 잡고 있던 초강대국이었으며, 이집트와 바빌로니아 사람들이 히타이트족이었다고 생각될 정도로 컸다는 것을 증명한다.

성경은 바로가 이스라엘을 괴롭게 하여 그들에게 바로를 위하여 비돔과 라암셋이라는 국고성을 건축하게 했다고 말한다. 그 이야기에서 이스라엘 사람들이 처음에는 모르타르(한글성경에는 '흙'으로 번역 - 옮긴이 주)와 짚으로 벽돌을 만들어 건축을 했다. 그 다음에는 짚을 주지 않아 스스로 곡초 그루터기를 모아 짚을 대신했고, 결국에는 짚이 전혀 들어가지 않은 벽돌로 건축해야 했다(출 5장).

후에 플린더스 피트리 박사가 비돔과 라암셋 지역을 발견했는데, 그 지역과 관련하여 놀라운 사실에 주목했다. 비돔과 라암셋은 모르타르로 건축되었는데, 모르타르는 이집트 다른 곳에서는 발견되지 않는다. 게다가 아래층은 짚 대신에 곡초 그루터기를 사용한 벽돌로 건축되었다. 중간과 그 위쪽 층은 짚 없이 만든 벽돌이 사용되었다.

백 년이 넘게 비평가들은 모세가 오경을 전혀 쓰지 않았다고 말했다. 그러나 20세기의 가장 뛰어난 미국 고고학자로 꼽히는, 존스 홉킨스 대학의 윌리엄 올브라이트(William F. Albright) 박사는 이렇게 말했다. "모세 오경이 모세의 저작이라는 전통적 입장을 부인하는 것은 터무니없이 지나친 비평이다."[6]

여리고 전투의 입증

그 다음에는 여리고에 대한 이야기가 있다. 여호수아가 여리고 전투를 했다고 나오지만, 비평가들은 그런 일이 결코 일어날 수 없다고 말했다. 사람이 성읍 주변을 돌아서 걷는다고 해서 성벽이 무너지지는 않는다.

그런데 영국 고고학자이자 히타이트 문명에 관한 권위자인 존 가스탱(John Garstang) 교수가 여리고 유적지를 발굴하러 와서 무엇을 발견했을까? 그는 이렇게 말한다. "성벽이 바깥쪽으로 완전히 무너져 공격하는 자들이 파괴된 성벽으로 기어 올라가서 성으로 들어갈 수 있었다는 것은 의심의 여지가 전혀 없다."[7]

왜 그것이 그렇게 특이한가? 성벽은 바깥쪽으로 무너지지 않기 때문이다. 성벽은 대개 안으로 무너지는데, 여리고의 경우에는 성경이 말한 것처럼 어떤 강력한 힘에 의해 바깥쪽으로 무너졌다.

비평가들은 이스라엘 백성이 하루에 여리고 주위를 일곱 번 돌았다는 것은 말도 안 되는 이야기라고도 단언했다. 10만 명이 사는 현대의 한 도시 주위를 하루에 일곱 번 도는 것은 불가능하다. 그리고 성경은 여리고가 큰 성읍이라고 말하고 있다.

하지만 가스탱의 조사는 여리고가 대도시의 큰 교회들이 건축되는 대지보다 작았다는 흥미로운 사실을 알려 준다. 여리고에 몇 번

가봤기 때문에 나는 아침나절에 여리고를 일곱 번 걸어서 돌고서는 점심 전까지 테니스를 한 판 칠 수 있다는 것을 알았다. 다시 한 번 비평가들이 틀렸다는 것이 입증된 것이다.

올브라이트는 이렇게 말한다. "최근까지 성경학자들 사이에서 창세기의 족장 설화를 마치 분열왕국 시대 이스라엘 서기관들이 인위적으로 만든 작품인 듯이 취급하는 것이 유행이었다. 아니면 성경학자들은 그 설화를 이스라엘 사람들이 모닥불 주위에서 상상력이 풍부한 음유시인들에게 들었던 이야기로 여겼다."[8]

"1925년 이후 고고학적인 발견들이 이 모든 것을 바꾸어 놓았다. 완고한 몇 명의 나이 많은 학자들을 제외하고 족장 전통의 역사성을 지지해 주는 자료들이 빠른 속도로 쌓여가는 것에 감명을 받지 않은 성경 역사학자는 거의 없다."[9]

고고학의 발견에 회심하는 사람들

한번은 〈마이애미 헤럴드*Miami Herald*〉에 그런 완고한 학자 가운데 한 명의 글이 실렸다. 그는 마태복음, 마가복음, 누가복음, 요한복음을 각 책에 이름이 붙은 저자가 썼다고 주장할 성경 신학자는 단 한 명도 없다고 힘주어 말했다. 또 모든 학자들이 그 사실을 알고 있으며, 아무도 마태나 마가, 누가, 요한

이 복음서를 썼다고 믿지 않는다고 말했다.

분명 그 학자는 그런 결론을 내린 학자가 쓴 책을 최근에 읽었을 것이다. 그러나 그런 결론은 복음서들이 2, 3세기에 쓰였다고들 생각하던 19세기에 유행하던 결론이다. 지금은 그보다 백 년 앞선 것으로 추정되는 사본들이 발견됐다.

그러나 완고한 학자들은 이제는 신빙성을 잃어버린 19세기 비평가들의 결론을 여전히 반복하여 말하고 있다. 올브라이트는 "많은 고고학자들이 자신들의 발견에 감명을 받아 왔다"고 말했다. 상당수의 고고학자들이 감명을 받았을 뿐 아니라, 하나님께로 돌아왔다.

그 중에 가장 유명한 사람은 윌리엄 램지(William Ramsay) 경이다. 램지는 무신론자였고, 무신론자의 아들이었다. 부유했고, 옥스퍼드에서 박사 학위를 받았다. 고고학에 평생을 바쳤고, 성경이 틀렸음을 증명해 보이겠다고 결심했다. 그리고 성지를 향해 출발해, 사도행전이 거짓임을 입증하기로 결정했다.

25년 이상을 보낸 후에 (그는 이 시기에 계속해서 책을 펴냈다) 램지는 누가가 참으로 정확하게 사도행전을 쓴 것에 믿을 수 없을 정도로 감명을 받았고, 마침내 누가가 가장 세부적인 것까지도 정확하게 기록했다고 선언했다. 윌리엄 램지 경은 성경이 거짓임을 증명하려고 하다가 사도행전의 역사성을 확인해 주는 수백 가지 사항들을 밝혀낸 것이다. 그는 결국 한 책에서 자신이 기독교인이라고 선언함으로써 비평학계 전체에 충격을 주었다.[10] 사도행전과 바울의 여행에 관한 세계적인 권위자가 수세기에 걸쳐 수많은 다른 고고학자들이 그러했듯이 자신이 발굴해 낸 것으로 인해 하나님께 돌아온 것이다.

다니엘서를 증명하다

다니엘서는 성경의 신빙성을 떨어뜨리려고 했던 이들을 특히 기쁘게 했던 또 하나의 책이다. 그들이 다니엘서에서 거짓임을 입증하려고 노력했던 많은 사항 가운데 하나는 벨사살이 바벨론의 마지막 왕이며 고레스와 그의 군대가 바벨론에 들어온 날 죽었다는 개념이었다. 성경에서는 벨사살이 느브갓네살의 아들이라고 하지만 세상 역사가들은 나보니두스가 느브갓네살의 아들이었고 바벨론의 마지막 왕이라고 단언했다.

그런 비평가 중 하나인 딘 패러(Dean Farrear)는 "벨사살, 역사는 그런 왕을 전혀 알지 못한다"[11]라고 말했다. 세상 역사가와 성경이 서로 다른 것을 말할 때는 성경이 틀린 게 분명하다는 것이다. 이러한 전제가 비평가들의 생각 속에 너무나 퍼져 있기에, 사실이 어떻게 밝혀지든 상관없이 그들이 계속해서 그와 같은 결론을 내리는 것이 놀랍기만 하다.

바벨론의 갈대아 우르에서 나보니두스 왕의 원형토기 4개가 발견됐다. 그 토기 겉면에는 월신 사원 건축을 다루고 있는데, 왕의 아들인 벨사살을 위해 신에게 기도한 내용이 담겨 있었다. 벨사살과 나보니두스가 바벨론을 공동으로 통치했다는 사실이 밝혀졌다. 나보니두스가 지방에 나가 있었던 반면에 벨사살은 수도를 다스렸다. 더 나아가 이 원형토기들은 고브리아스(고레스 군대의 장군)가 바벨론에 들어왔고, 벨사살이 바로 그날 죽은 것도 언급한다. 벨사살은 그가 체결한 계약, 그가 산 농지, 기타 등등에서 수도 없이 언급된다.[12] 다시 비평학자들의 거품이 꺼져버린 것이다!

노아의 홍수에 대한 확증

노아의 홍수에 대한 고고학적인 확증은 엄청나다. 노아의 홍수에 대한 이야기들은 세계의 거의 모든 문명에서 발견되어 왔다. 바빌로니아와 아카디아에서 발견된 것은 그 가운데 가장 흥미로운 이야기들이다. 그 이야기들은 모세의 기술보다 800년 정도 지나서 기록된 후기 바벨론 이야기에 들어간 왜곡을 제외하고는 대체로 동일한 서술을 제공한다.

바벨론에는 또 바벨론 왕들 가운데 하나가 자기는 대홍수 이전에 살았던 사람들의 저술을 읽는 것을 좋아한다고 언급한 서판도 있다. 모세 시대에는 저술이 존재하지도 않았다는 주장은 이제 모세 시대보다 500년 전인 아브라함 시대에 수천 권을 소장한 도서관이 있었다는 사실이 밝혀지며 응답을 받았다. 아브라함 시대보다 천년도 훨씬 앞서서 저술 활동이 있었으며, 현재는 대홍수 이전 사람들이 남긴 기록도 있다.

또 다른 바벨론 서판은 흥미로운 것을 확증해 준다. 성경에 따르면 노아는 아담의 10대손인데, 이 바벨론 서판은 대홍수 이전에 살았던 바벨론 왕 10명의 이름을 밝히고 있다. 또 다른 서판에는 바벨론의 모든 왕들의 이름을 밝히면서, 처음 10명 이름 끝에 "대폭우가 일어났다……"라고 한 후 이름이 이어진다.

성경이 사실임을 고고학이 증명하고 있다

고고학자들의 삽을 통해 성경을 확증하는 수많은 사실들이 드러났다. 성경과 관련된 2만 5천 곳이 넘는 유적지가 발견됐다. 인물과 사건에 대한 수만 가지 기록들도 발견됐다. 가장 최근에 진행되고 있는 고고학의 증거들은 이전에 있던 모든 증거들과 마찬가지로 비평학자들이 재구성한 성경보다 본래 성경이 낫다는 것을 분명하고 일관성 있게 입증한다. 윌리엄 올브라이트 박사는 "고고학이 구약 성경 전통의 견실한 역사성을 확실

하게 증명해 준다"고 말했다.[13]

18, 19세기에 주요 역사비평학파의 성경에 대한 지나친 회의론은 성경의 모든 시기를 실제 시기보다 나중에 놓았지만, 발견이 거듭되면서 그 주장은 신빙성을 잃고 있다. 수많은 세부 사항들이 정확하다는 것이 확인됨에 따라 성경은 역사적인 자료로서 그 가치를 점점 더 인정받고 있다.

예일 대학교의 밀라 부로우스(Millar Burrows)는 이렇게 말했다. "많은 경우 고고학은 현대 비평가들의 견해를 반박해 왔다. 현대 비평가들의 견해는 그릇된 가정과, 비현실적이며 인위적인 역사 발전 계획을 근거로 한 것임이 여러 사례에서 드러났다. 많은 자유주의 신학자들의 지나친 회의론은 자료를 신중하게 평가한 데서 나온 것이 아니라 초자연적인 현상을 반대하는 극단적인 편견에서 나온 것이다."

우리 시대의 위대한 학자 가운데 한 사람인 대영박물관의 프레더릭 케년(Frederic Kenyon) 경도 성경이 사실임을 고고학이 확인해 주고 있다고 말했다. 저명한 유대인 고고학자 넬슨 글루엑(Nelson Glueck)은 이렇게 말했다. "단언컨대 고고학의 어떠한 발견도 성경에 나오는 것들이 옳지 않다고 증명한 적이 없다." 넬슨은 "역사적인 사실이 성경의 기록을 강화하고 있다. 이것을 볼 때 성경의 역사적인 기록들은 믿을 수 없을 정도로 정확하다"며 자신의 주장을 이어갔다. 그는 고고학의 어떠한 결론도 성경에서 언급하는 사실이 틀렸다고 증명한 적이 없다고 단호하게 선언한다.[14]

비평학자들이 그리스도를 찬양하는 것을 멈추자 하나님의 말씀대로 돌들이 소리 지르기 시작하는 것을 다시 한 번 보게 된다! 팔레스타인과 아시리아, 바빌로니아, 이집트, 그리고 그 밖의 지역들에서 최근에 행한 모든 연구의 돌들은 정말로 성경이 하나님의 영감된 말씀임을 보여 주었다. 성경에 나오는 수만 가지 상세한 내용들이 진실임이 드러났다.

사람들은 역사적인 자료가 부족해서 성경을 믿지 않거나 그리스도를 믿지 않는 것이 아니다. 그보다는 자신의 삶을 예수 그리스도의 주권과 권위에 복종시키려는 도덕적 결단을 내리지 않기 때문에 믿지 않는다. 대부분 불신자들이 직면하는 것은 바로 도덕적인 문제다.

내가 성경을 믿는 이유에 몇 가지를 더하겠다. 나는 성경에서 말하는 다시 사시고 지금도 살아 계신 영광의 구주 예수 그리스도를 믿는다. 그리스도께서는 자신의 죄를 회개하고 우리를 위해 죽으신 그분을 믿는 이들에게 용서와 평안과 기쁨과 확신을 주실 수 있다. "만일 이 사람들이 침묵하면 돌들이 소리 지르리라."

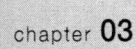

chapter 03

"신이 있다니, 비과학적이기 짝이 없군!"
내가 하나님을 믿는 이유

어리석은 자는 그의 마음에 이르기를 하나님이 없다 하도다
그들은 부패하며 가증한 악을 행함이여 선을 행하는 자가 없도다(시 53:1).

하나님은 존재하시는가, 존재하지 않으시는가? 이것은 인류가 제기할 수 있는 다른 모든 의문들을 무색하게 만들 만한 질문이다. 이런 말이 신학자나 설교자들이나 던질 질문이라는 생각이 든다면, 탈레스 시대부터 현재에 이르는 서양 문명의 지혜를 총망라한 수준 높은 전집 '위대한 책들(Great Books)' 시리즈에 대한 연구 안내서 〈위대한 개념 색인 *The Great Ideas Syntopicon*〉에 나오는 내용을 보라.

모티머 아들러(Mortimer Adler)는 이렇게 말했다. "위대한 책들의 거의 모든 저자가 하나님에 대한 장에 대표자로 나온다."[1] 그 이유는

분명하다. 하나님을 인정하느냐 아니면 부인하느냐의 문제는 다른 어떤 질문보다도 생각과 행동의 결과를 크게 좌우하기 때문이다.

인생의 방향은 인간이 자기 자신을 우주에서 최고의 존재라고 여기는지, 아니면 경외하고 사랑할 대상이거나, 혹은 반항하거나 순종할 대상으로 생각하는 초인적인 존재를 인정하는지에 영향을 받는다. 이 질문의 의의, 그리고 하나님의 존재에 대한 증거가 무신론에 대한 가장 큰 찬반 논쟁이다. 20세기를 무신론의 세기라고 부를 정도로 호전적인 무신론이 치명적인 곰팡이처럼 세상에 퍼졌기 때문이다.

20세기가 무신론의 세기라고 불리지만, 21세기는 많은 지성인들의 말처럼 아마 영성의 시대가 될 것이다. 세속주의와 무신론과 물질주의의 기둥들이 무너지고 있다.

과학이 발달할수록 창조주를 믿게 된다

현대의 많은 지식인들은 과학이 수십 년 동안 하나님이 없다는 것을 증명했으며, 줄리안 헉슬리(Julian Huxley)가 말한 것처럼 하나님을 "능글맞은 체셔 고양이의 점점 옅어지는 미소"정도로까지 깎아내렸다고 믿었다.

그러나 제임스 레이드(James Reid)는 자신의 책 〈하나님, 원자, 우주God, the Atom, and the Universe〉에서 이렇게 말한다. "과학은 인간을 위해 깜짝 파티를 준비하고 있다. 그것은 성경과 하나님에 대해 의문을 품고 있는 사람들을 위한 깜짝 파티가 될 것이다. 또 그것은 과학이 성경의 기반을 약화시켰다는 오해 때문에 괴로워하고 있는 사람들을 위한 깜짝 파티도 될 것이다.

이것이 일부 과학자들에게는 충격이 될 수도 있다. 그들은 우주의 사실들이 창조를 포함한 성경의 서술을 뒷받침한다는 것을 보여 주는 증거의 사슬에, 자기들이 새로 알아낸 사실이나 인정받는 이론들이 연결 고리를 하나 더할 뿐이라는 것을 알고서 화들짝 놀랄지도 모른다."[2]

레이드는 수년간 과학자로서 고전적인 뉴턴의 물리학 아래에서 성경의 서술들을 뒷받침할 증거를 찾으려고 무척 노력했지만 어려웠다고 말했다. 그런데 양자이론과 양자역학이라는 양자물리학의 새로운 분야가 과학 세계를 완전히 바꾸어 놓았다.

이전의 고전 물리학이 새로운 양자물리학에 자리를 내어 주자 완전히 새로운 우주 개념이 등장했다. 아인슈타인의 상대성 이론이 질량과 에너지의 내적인 관계를 밝혔을 때, 그는 문득 이 과학의 새로운 발견이 성경의 가르침을 증명하고 있다는 것을 깨달았다. 성경에 나오는 우주에 대한 사실들을 과학의 발견들이 점점 더 뒷받침해 주며, 그 결과는 다 셀 수도 없다.[3]

그러나 수년 동안 이 세기의 과학자들이 슬금슬금 무신론을 가르친 결과는 그 대가를 치루고 있다. 우리는 신뢰할 수 있는 하나님이 존재하심을 믿지 않는 상대론적 윤리의 시대에 살고 있다. 나는 이러한 상대론적인 사고가 기본적으로 엄청난 범죄사건, 즉 살인과 강간과 강도와 우리가 오늘날 사회에서 접하는 상상할 수 있는 민간의 모든 악들을 초래했다고 생각한다.

나는 지식이 있다는 사람들 수십 명이 이 상황에 대한 다양한 해결책을 논의한 것을 들었는데, 그들이 믿을 수 없을 정도로 분별력이 없는 것에 놀랐다. 성경이 말하는 하나님을 부인하는 것이 걷잡을 수 없을 정도로 퍼졌기 때문에 인간이 점점 더 동물처럼 되고 있다는 것을 그들 중 아무도 깨닫지 못한 것 같았다. 사람들에게 그들이 동물이라고 가르치면 그들이 결국 동물처럼 행동하는 게 당연하지 않은가!

옥스퍼드 대학교 현대사 교수인 우드워드(E. L. Woodward)는 이렇게 말한다. "서구 전통의 가치관인 정의와 자비, 친절, 관용, 자기희생은 물질주의와 양립할 수 없다."[4] 물질주의는 우주에 영혼도, 하나님도 없이 물질만 존재한다는 견해이다. "국가에 대한 진부한 구절을 인용한다면(그는 마르크스의 말을 인용했다) 이러한 가치들은 물질주의 문화에서는 말라 죽어 버릴 것이다." 이어서 그는 "물질주의 사회에서 인간의 '권리'에 대해 말하는 것은 아무 의미가 없으며, 차라리 대서양을 향해 도덕적인 호소를 하는 것이 나을 것이다"라고 말했다.

천문학이 하나님을 드러낸다

과학에서 천문학자보다 하나님의 솜씨를 더 폭넓게 보는 분야는 없다. 성경은 말한다. "하늘이 하나님의 영광을 선포하고 궁창이 그의 손으로 하신 일을 나타내는도다"(시 19:1). "창세로부터 그의 보이지 아니하는 것들 곧 그의 영원하신 능력과 신성이 그가 만드신 만물에 분명히 보여 알려졌나니"(롬 1:20). 오늘날 천문학자 가운데 90퍼센트가 하나님을 믿는다! 하나님이 손으로 하신 일을 가장 철저하게 살펴본 사람들이 하나님을 믿는다. 이것은 정육점 주인이나 식당 주인, 제조업자들보다 높은 비율이다. 가장 열심히, 그리고 우주에서 인간이 볼 수 있는 가장 먼 곳까지 살펴 본 사람들이 하나님이 우주를 만드셨다고 결론을 내렸다.

세계에서 뛰어난 천문학자 가운데 한 명인 로버트 재스트로(Robert

Jastrow)는 미국항공우주국(NASA)에 있는 고다드 우주 연구소의 창설자이자 책임자다. 초대형 베스트셀러 〈하나님과 천문학자들God and the Astronomers〉에서 재스트로는 천문학에서 '이상한 발전'이 일어나고 있다고 말했다. 그 가운데 하나가 우주에는 시작이 있다는 발견이다. 그리고 이것은 '창시자'가 있어야 한다는 것을 의미한다. "과학자가 알려지지 않은 산을 올라갔다. 그리고 마지막 바위로 올라가서 가장 높은 봉우리를 정복하는 순간, 그곳에 수세기 동안 앉아 있던 신학자들 한 무리가 그를 맞이했다"라고 재스트로는 말했다.

뛰어난 천문학자 중 한 명인 피에르 시몬 라플라스(Pierre Simon de La Place)는, 지성적인 하나님이 창조자라는 유리한 증거들은 궁극적 원인에 대한 다른 어떠한 가설에 대해서도 무한대 대 일이라고 말했다. 이 말은 창조가 하나님이 아닌 다른 어느 원인에 의해 시작되었다고 하는 것은 양피지 위에 대충 던져진 필기도구 한 세트가 호머의 일리아드를 만들어 낼 것이라고 하는 것만도 못하다는 말이다. 하나님에 대한 증거는 하나님이 이 우주의 창조주이신 것을 반대하는 증거에 대해 무한대 대 일과 같다. 그것은 측량할 수도 없다.[5]

90년대에 과학 분야에서 나온 가장 기념비적인 책은 노벨상 수상자 24명을 포함한 과학자 60명이 쓴 〈우주, 생명, 하나님Cosmos, Bios,

& Theos〉이라는 책이다. 그 책의 공동 편집자인 예일대학교의 물리학자이자 노벨상 수상자인 헨리 마그뉴(Henry Margenau)는 자연에 존재하는 복잡한 법칙에는 "오직 한 가지 확실한 답이 존재한다"고 결론을 내렸다. 노벨 물리학상을 받은 이 교수가 우주에서 발견되는 복잡한 법칙에 대한 유일하고 확실한 답이라고 믿는 것이 무엇인가? 진화? 아니다. 그가 답이라고 믿는 것은 '전지전능하신 하나님에 의한 창조'다.

하나님의 존재에 대한 논쟁

하나님의 존재에 대한 다양하고 많은 논쟁이 있다. 잘 알려진 것 하나는 우주론적 논쟁이다. 칸트(Kant)와 흄(Hume)은 하나님에 대한 다양한 고전적인 주장들에 대한 공격을 주도했지만 그에 대한 적절한 증명이나 충분한 증거가 없었다. 유신론의 다양한 증거들이 수학처럼 정확하지는 않기 때문에(유신론의 증거들은 사실상 압도적인 개연성에 대한 주장이다), 이러한 주장들은 지금도 존재한다.

피조물은 자기들 안에 창조주 하나님에 대한 증거가 있음을 지금도 마음속으로 인식한다. 현대의 뛰어난 천문학자 가운데 한 사람인 제임스 진(James Jeans) 경은 우주의 광대한 공간들과 그 공간들의 복잡함을 살펴보면 볼수록 우주가 한 위대한 수학자의 대단한 생각으로 보인다고 말했다.

우주론 논쟁은 '우주'라는 뜻인 '코스모스(cosmos)'라는 단어에서 유래했으며, 화장품의 '코스메틱(cosmetic)'도 이 단어에서 나왔다. 코스메틱은 "질서가 있고 아름답다"는 뜻이다. 우주 안에 있는 질서에 대한 증거는 전부 나열하는 것이 불가능할 정도로 너무나 많다.

양자 물리학은 아원자 입자(원자보다 작은 입자 혹은 원자를 구성하는 기본 입자 - 옮긴이 주) 단계에서 전자들이 균형을 이루려고 하는 강한 충동이 있다는 것과, 우주에는 놀라울 정도로 아름다운 질서(cosmetic)가 존재한다는 것을 증명했다.

어느 저자는 자연이 위대한 건축가라고 말했다. 그 자연이 하나님이라는 뜻으로 말이다. 자연은 현재 인간에게 알려진 다양한 과학 분야의 사실들을 지식으로 증명하는 위대한 천문학자, 위대한 화학자, 위대한 생리학자, 위대한 심리학자, 위대한 수학자이기도 하다. 다양한 과학 분야는 모두 같은 것을 말해 왔다.

목적론적 논쟁도 있다. 헬라어 '텔로스(telos)'는 '끝'을 뜻하며 목적론(teleology)은 우주에 있는 것들이 한 가지 목적, 즉 마지막을 위해 설계되었다고 보는 철학관이다. 무신론자들과 진화론자들은(이들은 대체로 예외 없이 동일한 부류이다) 세상에는 아무 목적도 없다고 믿기 때문에 목적이나 목적론이라는 단어를 끔찍이도 싫어한다.

그들은 세상을 단순히 원자들의 결합이 우연히 연속적으로 일어난 하나의 거대한 우연이라고 믿는다. 사물은 믿을 수 없을 정도로 복잡하게 존재하며, 바로 그것이 우리가 지금 이곳에 존재하는 까닭이라고 말한다. 그러나 어떤 분이 우리의 행복을 위해 준비하고 계셨다는 분명한 증거들을 인간의 마음이 무시하기는 힘들다.

우연일 수 없는 경이로운 증거들

우리가 있는 이 행성의 질량과 크기를 생각해 보자. 딱 알맞다. 월리스 박사는 지구가 지금보다 10퍼센트 크거나 작다면, 지구에서 살 수 없을 것이라고 말한다. 더 나아가 지구는 태양과 적당히 떨어져 있어서 적당한 양의 열과 빛을 받는다. 우리가 태양과 더 떨어져 있다면 얼어버릴 것이고, 수성이나 금성처럼 태양과 더 가까이 있다면 생존할 수 없을 것이다.[6]

지축의 기울기에 대한 놀라운 사실도 생각해 보자. 지구처럼 23도로 기울어져 있는 행성은 없다. 이 각도 덕분에 지구는 닭이 쇠꼬챙이 위에서 돌아가는 것처럼 태양 광선 앞에서 모든 표면이 천천히 돌아간다. 지축이 기울어져 있지 않다면 북극과 남극은 엄청난 얼음으로 뒤덮이고 지구의 가운데 부분은 심하게 뜨거워질 것이다.

태양계 안에서 우리의 관계의 또 다른 놀라운 측면은 달이다. 달이 없다면 지구에서 살아가기가 불가능하다는 것을 많은 이들이 깨닫지 못하고 있다. 누군가 달이 궤도에서 벗어나게 하는 데 성공한다면 지구상의 모든 생명은 끝날 것이다.

하나님은 달을 대륙의 모든 해안과 대양을 청소하는 하녀로 주셨다. 달 때문에 일어나는 밀물과 썰물이 없다면, 모든 항구와 해안은 악취가 나는 쓰레기 웅덩이가 될 것이며, 그 근처 어디에서도 살 수 없을 것이다. 밀물과 썰물 때문에 파도가 계속해서 대양의 해안에서 부서지고, 대양에 공기가 통하게 해서 세상 먹이 사슬의 가장 기초인 플랑크톤에게 필요한 산소를 공급한다. 플랑크톤이 없다면 산소가 없을 것이고 인간은 지구에서 살아갈 수 없을 것이다. 하나님은 달을 적당한 크기로 만드시고 지구에서 알맞은 거리에 있게 하셔서 달이 많은 일을 수행하게 하셨다.

대기에도 놀라운 것이 있다. 우리는 공기라는 거대한 대양 아래에서 사는데, 이 공기는 질소 78퍼센트, 산소 21퍼센트, 거의 열두 종류인 미량 원소 1퍼센트로 구성되어 있다. 별의 우주에 있는 다른 행성들의 분광사진 연구에 의하면 다른 어느 행성의 대기도, 우주의 다른 어떤 부분도 지구의 대기와 같은 성분이나 조합으로 구성되어 있지 않다.

이러한 원소들은 화학적으로 결합하지 않으면서 달이 대기에 가하는 밀물과 썰물의 영향으로 계속 기계적으로 혼합된다. 이것은 달이 바다에 미치는 것과 같은 영향이며, 항상 산소를 일정한 양으로 공급한다. 인간이 대기에 이산화탄소를 엄청나게 많이 버리지만, 그 이산화탄소가 바다에 흡수되어서 인간이 지구상에서 계속해서 살아갈 수 있다. 대기가 지금처럼 두껍지 않다면 우리는 지구에 끊임없이 떨어지는 수십억 개의 우주파편과 유성에 으스러질 것이다.

질소의 순환도 놀랍다. 질소는 매우 비활성적인 기체다. 그렇지 않다면 우리는 다양한 질소 결합물에 중독되어 죽을 것이다. 그러나 질소의 비활성 때문에 자연적으로는 질소를 다른 것들과 결합시킬 수 없다. 질소는 땅에서 자라는 식물들에게 반드시 필요하다. 하나님이 공기 중에 있는 질소를 어떻게 토양에 공급하시는가? 하나님은 번개를 이용하신다! 지상에 매일 번개가 10만 번 쳐서 해마다 식물의 양분으로 사용되는 질소 수억 톤을 토양 안에 만들어 준다.

65킬로미터 상공에는 얇은 오존층이 있다. 오존층은 압축하면

6.3밀리미터밖에 안 되지만, 오존층이 없다면 생물이 존재할 수 없다. 태양에서 지구로 살인 광선 8가지가 끊임없이 떨어지는데, 오존이 없으면 우리는 하루나 이틀 사이에 그 살인 광선에 화상을 입고, 실명하고, 익어버릴 것이다. 자외선은 두 가지 형태로 오는데 오존층은 파장이 길고 치명적인 자외선은 차단하고, 파장이 짧고 지구상에 있는 생물에 필요한 자외선은 통과시킨다. 게다가 매우 치명적인 광선들은 녹조류들을 죽일 정도로 아주 적은 양이 오존층을 통과하는데, 그렇지 않다면 녹조류가 세상의 모든 호수와 강과 바다를 메울 정도로 자랄 것이다.

우리는 하나님이 우리의 생명을 위해 무엇을 끊임없이 공급하고 계신지 잘 깨닫지 못한다. 우리는 머리 위로 계속해서 떨어지는, 눈에 보이지 않는 치명적인 폭격을 아주 얇은 오존층이 보호하는 가운데 살아가고 있다. 우리 아래에는 사과 껍질보다 얇은 암석 지각이 있다. 그 아래에는 지구의 중심을 구성하는 녹은 용암이 있다. 그래서 인간은 위에는 태우고 검게 그을리는 광선이 있고 아래에는 녹은 용암이 있는 사이에서 살아가고 있는데, 그 광선이나 녹은 용암은 인간을 숯덩이로 만들 수 있다. 그러나 인간은 자기가 이와 같은 세상에서 존재할 수 있도록 하나님이 모든 일들을 처리하셨다는 것을 전혀 의식하지 못한다.

그 다음은 물의 경이로움이다. 우리는 지구를 제외하고는 우주 어느 곳에도 물을 풍족하게 발견하지 못한다. 놀라운 용매인 물은 생명이 붙어 있는 것을 제외하고는 지구상에 있는 거의 모든 것들을 녹인다. 이 놀라운 액체는 얼음으로 존재하고, 바위를 깨뜨리고, 토양을 만들어 낸다. 물은 눈이 되어서 골짜기에 물을 저장한다. 비가 되어서 지구에 물을 대며 지구를 깨끗이 한다. 수증기가 되어서 지구에서 곡식을 경작하는 땅에 습기를 충분히 공급한다. 물은 딱 적당한 양의 구름 덮개로 존재한다. 지구에 금성처럼 구름이 있다면 지구는 존재할 수 없었을 것이다. 하지만 어느 때든 지구 표면의 반이 구름으로 덮여 있어서 햇빛이 적당한 양만 통과해 들어온다. 물은 증기가 되어서 이 지구 위에 있는 강력한 기계들이 돌아가게 한다. 비스무트를 제외하고는 물은 얼었을 때보다 섭씨 4도일 때가 더 무거운 유일한 액체다. 만일 그렇지 않다면, 이 지구 위에 생명이 존재할 수 없었을 것이다. 그래서 물은 얼면 가벼워지고 위로 올라간다. 그렇지 않다면 호수와 강은 아래쪽부터 얼어서 모든 물고기들이 죽을 것이다. 녹조류들이 파괴될 것이고, 산소 공급이 중단될 것이고, 인간도 죽을 것이다.

먼지조차 인간을 위해 놀라운 기능을 한다. 먼지가 없다면 우리는 파란 하늘을 절대로 볼 수 없을 것이다. 지구에서 27킬로미터

위에는 먼지가 없기 때문에 하늘이 항상 검은색이다. 먼지가 없다면 비가 내리지 않을 것이다. 빗방울 하나는 작은 물방울 8백만 개로 구성되어 있는데, 이 물방울 8백만 개는 각각 작은 먼지 조각으로 둘러싸여 있다. 이들이 없다면 세상은 바싹 마를 것이고 생명의 존재가 중지될 것이다.

인간 안에도 하나님이 우리를 만드셨다는 것을 말해 주는 것이 많이 있다. 우리의 생명은 혈관 속에서 흐르는 혈액을 기초로 한다. 골수에서 생성되는 적혈구는 놀랍게도 혈류에 도착하면 바로 세포핵을 버린다. 이것은 사람에게서 심장을 도려내 버리는 것과 같아서 다른 세포들에게 이것은 곧 죽음을 의미한다. 적혈구는 그 구멍 위에 얇은 세포막이 덮인 도넛과 같은 모양으로 형성된다. 이렇게 세포핵이 없는 세포막과 세포의 형태 덕분에 적혈구는 몸에 필요한 산소를 더 많이 운반할 수 있다. 적혈구가 다른 세포와 형태가 같다면 인간 몸에 필요한 산소를 공급하기 위해 적혈구가 9배나 더 필요할 것이다.

그 다음으로는 놀라운 것 중에 놀라운 것이 있다. 바로 인간의 눈이다. 누가 인간의 눈을 보면서 그것이 어쩌다가 생겼다고 생각할 수 있겠는가? 진화론자들은 필요가 있다면 자연이 그 필요한 것을 제공할 것이라고 말한다. 우리에게 시각이 필요한가? 아무도 아무것도 보지 못했는데 볼 필요가 있어서 자연이 눈을 만들었는가? 두 눈이 수평으로 나란히 창조되어서 우리는 보기만 하는 것이 아니라 거리를 가늠하는 거리측정기도 갖게 되었다.

눈 위에 항상 흐르는 눈물이 어떤 일을 하는지 놀라워한 적이 있는가? 윌리엄 페일리(William Paley)는 〈자연신학Natural Theology〉이라는 제목을 붙인 권위 있는 저작에서 눈에 대해 말했다. "눈을 밝게 하고 잘 쓰려면 촉촉하고 깨끗하게 유지시켜야 하는데 그것을 위해 분비액이 끊임없이 공급되어서 눈을 씻어 준다. 그리고 여분의 눈물은 거위 깃대 정도로 넓은 뼈 안에 있는 구멍을 지나서 코로 들어간다. 일단 코로 들어가면 눈물은 콧구멍 안에 퍼지고, 호흡 과정에서 그 위를 계속 지나가는 따뜻한 공기의 흐름에 증발된다. …… 눈에 촉촉함이 필요하다는 것은 쉽게 이해할 수 있지만, 눈의 필요가 눈물샘을 만들거나 눈물을 배출하는 구멍을 만들 수 있겠는가?"[7] 누가 뼛속에 구멍을 만들고, 눈물이 분산되도록 그 속을 지나는 배수관을 두었는지를 무신론자나 진화론자에게 말하게 해 보라.

영국 옥스퍼드 대학교의 생리학자이자 눈에 대한 권위 있는 책을 쓴 찰스 스코트 셰링턴(Charles Scott Sherrington)은 이렇게 말했다. "인간의 눈의 복잡한 구조 이면에 깜짝 놀라게 하는 종합 설계도가 있음이 느껴진다."[8]

어둠과 만나면 인간의 눈은 보는 능력을 10만 배 증가시킨다. 인간의 눈이 자동적으로 하는 일을 이제껏 제작된 가장 좋은 카메라조차 아주 조금도 비슷하게 실행하지 못한다. 더 나아가 눈은 보기 원하는 대상을 발견하면 그것에 자동적으로 초점을 맞춘다. 눈은 스스로 늘이거나 수축시킨다. 함께 움직이는 양쪽 눈은 보일 것에 시선을 맞추기 위해 서로 다른 각도를 취해야 한다. 눈이 자신을 창조할 준비를 했을 때, 눈은 자기 자신을 보호하기 위해 미리 생각을 했고 이마 뼈 아래에 자신을 두었으며, 우리 대부분에게 필요한 안경을 걸 코도 준비했다. 그런 다음에 외부 물체로부터 자신을 보호할 눈꺼풀을 준비했다.

마지막으로 우리는 인간의 놀라운 마음을 언급할 수 있다. 유명한 현대 문화인류학자인 헨리 페어필드 오스본(Henry Fairfield Osborn)은 "인간의 뇌는 우주 전체에서 가장 경이롭고 신비한 대상이다"라고 말했다. 1.5킬로그램밖에 안 되지만 뇌는 전기전자 장비 5백 톤이 해낼 수 없는 일을 할 수 있다. 그 자체로 각각 살아 있는 단위인 100억에서 150억 개의 뉴런이 들어 있는 뇌는 완전히 인간의 마음을 깜짝 놀라게 하는 일을 해낸다.[9] 헨리 모리스 박사는 이런 말을 했다. "그러므로 하나님을 거부하거나 무시하는 사람들은 과학이

나 이성 때문이 아니라 그저 스스로 원하기 때문에 그렇게 하는 것이다!"[10]

성경은 "또한 그들이 마음에 하나님 두기를 싫어하매 하나님께서 그들을 그 상실한 마음대로 내버려 두사"(롬 1:28)라고 한다.

하나님은 살아 계시다

나는 하나님의 존재에 대한 이러한 설득력 있는 이유들뿐 아니라 내가 예수 그리스도를 믿기 때문에 하나님이 계심을 믿는다. 예수 그리스도의 예언들과 탄생과 생애와 기적들과 교훈들과 죽음과 부활, 그리고 예수 그리스도께서 장차 하시겠다고 말씀하셨던 일들을 계속해서 행하시는 것 때문에 나는 하나님이 살아 계시다는 것과 하나님이 예수 그리스도 안에 사셨으며 지금도 사람들을 변화시키실 수 있다는 것을 확신한다.

어니스트 고든(Ernest Gorden)은 베스트셀러 〈콰이강 골짜기를 지나서 Through the Valley of the Kwai〉에서 말레이 반도에서 일본군에게 잡혀 고문 받고 굶주리던 미군들에 대해 말했다. 그들은 한 떼의 동물처럼 변해서 서로 할퀴고 싸우고 먹을거리를 훔쳤다. 상황이 너무나 악화되었기 때문에 그들은 결국 신약성경을 읽기로 했다. 대학을 졸업한 고든이 신약 성경에 나오는 말씀을 읽어 주자, 그곳의 사람들은 예수 그리스도를 통해 살아 계신 하나님께 돌아왔다. 하나님이 살아 계시며, 하나님이 예수 그리스도 안에 살아 계시기 때문에 동물의 공동체가 사랑의 공동체로 변했다. 그리스도께서는 자신을 믿고자 하는 사람들의 마음속에 즐거이 사신다. 기쁨, 평안, 변화된 삶, 영생의 확신을 그리스도께서 그분의 대속의 죽음을 믿는 이들에게 주신다.

"사람의 마음에는 빈 공간이 있는데, 그것은 하나님만이 채우실 수 있다." 이 격언은 대략 1700년도 더 된 격언이다. 오늘날 수백만 명이 자신의 마음을 하나님을 제외한 온갖 다른 것으로 채워 보려고 노력하지만 성공하지 못한다. 인간의 마음을 하나님만 채우실 수 있다는 것은 얼마나 놀라운 진리인지 모른다. 토마토 주스로 제트 비행기를 운행할 수 없듯이 다른 어느 것으로도 하나님에 의해, 하나님을 위해 창조된 인간 마음에 있는 하나님이 차지하실 공간을 채울 수 없다.

내 신학교 시절에 교수 중 한 분인 맨포드 조지 그츠기(Manford George Gutzke) 박사가 한 여성에게 흥미로운 질문을 받은 이야기를 해 주셨다.

"제 여섯 살 난 딸이 하나님은 누가 창조했는지 알고 싶어 해요. 어떻게 말해 주어야 할까요?"

"아무도 하나님을 창조하지 않았다고 얘기해 주세요. 하나님은 항상 계셨으며 앞으로도 항상 계실 것이라는 것도요."

"하지만 그 애는 여섯 살밖에 안 되었는걸요. 그 말을 이해하지 못할 거예요."

"맞아요. 따님이 예순 살이 되어도 이해하지 못할 겁니다. 그래도 어쨌든 따님한테 말해 주세요. 그것이 진리니까요."

우리 마음으로 무한하신 하나님을 감쌀 수 없으며, 우리가 하나님보다 더 높아지지도 못한다. 우리는 하나님을 깨달을 수는 있지만 그분을 완전히 이해할 수는 없다.

불행한 불신자들

파스칼의 유명한 내기에 대해 들어본 적이 있는가? 200년 전에 프랑스에 살았던 파스칼은 훌륭한 기독교 신학자이자 수학자이자 학자였다. 하루는 파스칼이 한 불신자와 이야기를 나누고 있었다. 파스칼이 그 남자에게 말했다. "하나님이 존재하신다는 것에 대해 제가 틀렸다 해도 우리 가운데 아무도 그걸 알 수 없습니다. 우리는 둘 다 죽을 것이고, 존재하기를 멈출 것이며, 모든 의식이 사라질 것이기 때문이니까요. 하지만 만약 내가 맞고 당신이 틀렸다면, 우리가 죽었을 때 나는 천국에 가고 당신은 지옥에 가겠지요. 자, 총명한 사람이라면 이 내기에서 어느 쪽에 돈을 걸까요."

그 불신자는 어떻게 해야 할까? 굉장한 불신자인 사언더스(W. O. Saunders)는 〈아메리칸 매거진 American Magazine〉에 이렇게 썼다. "당신을 세상에서 가장 외롭고 불행한 사람 가운데 한 명에게 소개하고 싶다. 지금 나는 하나님을 믿지 않는 사람에 대해 말하고 있다. 나는 당신을 그런 사람에게 소개할 수 있다. 그런 사람이 바로 나 자신이기 때문이다. 당신이 나를 만나면 당신 이웃에 있는 불가지론자나 회의론자를 만나게 될 것이다. 불가지론자나 회의론자는 이 나라 어디에나 있기 때문이다. 당신은 그 불가지론자가 하나님에 대한 당신의 신앙을, 이곳의 삶이 끝나면 천국이 있다는 당신의 굳은 믿음을, 슬픔도 고통도 없는 사후세계에서 사랑하는 이들을 만날 것이라는 당신의 행복한 확신을 부러워한다는 것을 알고서 놀라게 될 것이다. 그 불가지론자는 그런 신앙을 받아들이고 그 신앙으로 위로를 받을 수 있다면 무엇이든 내어 놓으려고 할 것이다. 그에게는 무덤과 물질만이 지속되기 때문이다. 무덤 다음에 그가 볼 수 있는 것은 몸과 성격을 구성하는 원형질과 정신원형질의 분해뿐이다. 하지만 이런 물질주의의 관점에서 나는 어떠한 희열이나 행복도 발견하지 못한다."

"불가지론자는 미소와 영웅적인 태도로 삶에 맞설 수 있다. 얼굴에는 용감한 표정을 지을 수 있지만 행복하지는 않다. 그는 자기가 어디에서, 왜 왔는지 모르는 채로 우주의 광대함과 웅장함 앞에서 두려움과 경외를 느끼며 서 있다. 그는 우주 공간의 거대함과 시간의 무한함에 질리며, 자신의 연약함, 가냘픔, 짧음을 깨닫고서 자신의 무한한 왜소함에 코가 납작해진다. 분명 그는 때때로 자신이 의지할 지팡이를 그리워한다. 그도 십자가를 지고 있다. 그에게 이 땅은 수평선이 전혀 보이지 않으며 가늠할 수 없는 영원의 바다에서 헤매고 있는 힘겨운 뗏목일 뿐이다. 어디로 가는지 아무도 모르는 곳에서 헤매고, 헤매고, 헤매는 그 뗏목 위에서 그의 마음은 모든 귀한 삶을 몹시도 동경하고 있다."[11]

하나님을 믿고 그분 앞에 겸손하라

몇 년 전에 나는 라디오 토크쇼에 무신론자와 토론을 하라는 초청을 받았다. 내가 그 교양 있는 불신자에게 가장 먼저 질문한 것은 "당신은 하나님의 존재를 부인합니까?"였다.

"물론입니다" 하고 그가 대답했다.

"좋습니다. 저는 당신이 무신론은 불합리하다는 것을 알고 있으시리라 생각합니다."

"무슨 말씀이죠? 전혀 그렇지 않습니다." 그 무신론자는 받아쳤다. 무신론자들은 무엇보다도 믿음의 세계에 있는 사람들보다 자기들이 더 합리적이라는 것을 자랑스러워하기 때문이다.

"아뇨, 그렇습니다." 내가 대답했다. "무신론은 전칭부정입니다. 논리학을 배운 사람이라면 전칭부정은 증명할 수 없다는 것을 누구나 알고 있지요." 나는 그에게 '예를 들어 만일 당신이 온 우주에 작은 녹색 인간과 같은 것이 없다고 말한다면 그것을 증명할 방법도 없다'는 것을 상기시켰다. 당신은 우주 전체에 있는 모든 행성과 모든 별을, 모든 별의 내부와 모든 은하계를 두루 여행하고서 돌아와서 작은 녹색 인간은 하나도 보지 못했다고 말해야 할 것이다. 그러나 그렇게 했을 때 나는 이렇게 대답할 수 있다. "글쎄요, 당신은 그를 놓쳐 버렸네요. 당신이 이 길로 가고 있는 동안 그는 저 길로 꺾어서 가고 있었나 봐요." 작은 녹색 인간이 존재하지 않는다는 것을 증명하려면 당신은 우주의 모든 부분을 **동시에** 살펴보아야 한다. 그래서 작은 녹색 인간이나 천사나 하나님 같은 존재가 없다는 것을 증명하는 것은 불가능하다. 그러므로 무신론은 논리적인 모순이며, 논리적 모순을 주장하는 것은 불합리하다.

"그래서 말입니다." 나는 그 무신론자에게 말했다. "당신은 스스로 합리적이라 생각했겠지만 실제로는 불합리한 사람입니다." 창조주가 없는 세계라는 개념도 불합리하며, 하나님이 채워 주시기를 갈망하지 않는 인간의 마음도 불합리하다.

나는 하나님을 믿는다. 그러나 하나님을 믿는 것으로는 충분하지 않다. 마귀도 하나님을 믿고 떨기 때문이다. 우리는 하나님이 존재하신다는 것을 믿는 것뿐 아니라 하나님이 예수 그리스도로 성육신하셨고 우리 죄를 대신 지고 죽으셨다는 것도 믿어야 한다. 우리는 믿어야 하고, 우리의 죄를 회개해야 하며, 그분 발 아래 우리 자신을 던져야 하고, 그분께, 우리의 구속을 위한 그분의 대속적인 죽음에 우리의 믿음을 두어야 한다. 그렇게 하지 않는다면 우리는 심판의 날에 진노한 재판장이신 하나님과 대면하게 될 것이다.

나는 하나님을 믿으며 하나님이 살아계심을 믿는다. 하나님은 내 마음에 살고 계시며, 내가 영원히 하나님과 함께 살 것이라는 확신을 내게 주셨다. 당신에게 아직 그러한 확신이 없다면 당신이 그러한 확신을 소유하는 것이 내 간절한 소망이다. **당신은** 그분을 믿고 있는가?

chapter 04

"모든 과학자들이 진화론을 믿는 걸 모르나?"
내가 창조를 믿는 이유

태초에 하나님이 천지를 창조하시니라(창 1:1).

창조를 살펴볼 때 우리는 창조주 하나님께 더 가까이 가게 된다. 이것은 가장 초기의 과학 창시자들이 믿었던 바다. 또 천문학의 창시자가 말한 것처럼 우리는 단지 하나님을 따라서 하나님의 생각을 하고 있는 것에 불과할 것이다.

그런데 문제가 발생했다. 현대 과학이 발달하기 시작한 19세기 중반에 과학 산업 전체가 납치당했다. 나는 지금 다윗의 진화론을 말하고 있다. 〈종의 기원The Origin of Species〉의 백주년 기념판 서문을 쓴 과학자는 다윈이 세상에 초래한 가장 큰 폐해는 과학과 하나님을 갈라놓고 서로 맹렬히 논쟁을 하게 한 것이라고 말했다.

진화론은 우리가 살고 있는 현대 사회에 엄청나고 파괴적인 영향을 미쳐 왔다. 〈진화Evolution〉라는 제목을 붙인 흥미진진한 책의 저자 마이클 덴톤(Michael Denton)은 이렇게 썼다.

> 비글호(다윈이 1831년 영국에서 항해를 시작할 때 탔던 배)의 항해는 굉장히 의미 있는 여행이었다. 그 항해의 목적은 파타고니아를 답사하는 것이었는데, 그 결과는 서구의 사고방식의 기초를 흔들어 놓았다. 그 항해 후에 쓰인 〈종의 기원〉은 '지금껏 저술된 책 중에 아주 중요한 책의 한 권'으로 언급되어 왔다. (그 책이 이제까지 저술된 가장 중요한 책의 기초를 흔들려고 하고 있기 때문이다.) 기독교에 있어서 진화론의 출현과 전통적인 신학적 사고의 말살은 큰 재앙이었다.

신학적인 사고는 당신과 내가 매일 하는 생각이다. 신학적으로 생각한다는 것은 인생에 목적과 끝이 있다고 믿는 것이다. 진화론자들은 아무것에도 목적이나 끝이 없다고 믿는다. 그 결과 인생에는 아무런 의의도, 의미도, 중요성도 없다.

진화론은 종교다

과학 산업 전체는 자연주의와 물질주의

적인 세계관에 납치당했다. 자연주의는 우주에 자연 외에는 아무것도 없으며 초자연은 없다고 믿는다. 물질주의는 세상에 물질 외에는 아무것도 없다고 믿는다.

이것은 무슨 뜻인가? 우리는 현대 지식인들의 생각과 마음과 충성을 얻으려고 경쟁하는 두 종교만 존재하는 시대에 살고 있다는 뜻이다. 인간적인 견해에서 말하자면 이 세계의 미래는 현대 지식인들이 결정할 것이다. 이 두 종교는 기독교와 진화론이다.

진화론이 종교라는 것을 인식하지 못하는 사람은 진화론에 대해 그다지 잘 모르는 것이다. 진화론은 그 헌신적인 추종자들이 열정적으로 매달려 있는 종교다. 잘 알려진 몇몇 진화론자들이 하는 말에 귀를 기울여 보자. 이들은 모두 세상에서는 높은 자리에 있는 과학자들이다.

아주 강경하게 소리를 높이는 진화론자 가운데 한 명인 루이스 모어(Louis T. More) 교수는 이렇게 말했다. "고생물학(화석 증거)을 연구하면 할수록 진화론은 오로지 신앙을 근거로 한다는 것을 더욱 확신하게 된다."[1]

유명한 진화론자인 왓슨(D. M. S. Watson) 교수는 진화론을 "진화가 일어난 것이 관찰되거나 진화가 사실이라는 것이 논리적으로 증명될 수 있기 때문이 아니라, 진화론의 유일한 대안인 특수 창조설

(special creation)이 믿을 수 없는 것이기 때문에 보편적으로 수용된 것"이라는 놀랄 만한 발언을 했다.[2] 창조에는 창조주가 있다는 믿음이 필요하다. 그렇기 때문에 타락한 사람, 거듭나지 않은 사람에게 창조는 믿을 수 없고 받아들일 수 없는 일이다.

영국의 유명한 진화론자인 아서 키스(Arthur Keith)도 솔직히 인정했다. "진화론은 증명되지 않으며 증명할 수도 없다. 진화론의 유일한 대안인 특수 창조설이 우리로선 상상도 할 수 없는 일이기 때문에 우리는 진화론을 믿는다."[3]

내가 우리 교인들 앞에서 일어나 "여러분, 기독교는 증명되지도 않고 증명할 수도 없지만 그래도 여러분은 기독교를 믿어야 합니다"라고 말한다면 어떤 일이 일어날까? 아마 모두 일어나서 나가버릴 것이다. 그것이 당연하다. 하지만 사람들은 바로 이런 식으로 진화론을 받아들인다. 맹목적인 신앙으로 말이다!

그러나 학교의 교과서들은 거듭해서 진화론을 증명된 사실이라고 가르친다. 〈일반 동물학 Genaral Zoology〉이라는 제목이 붙은 교재에서는 이렇게 말한다. "현재 모든 과학자들은 진화가 사실이라는 데 동의한다." 이 글을 보면서 나는 어느 설교자가 설교를 타이프하고서 한 쪽 귀퉁이에 '이 부분은 논거가 약하니 설교단을 쾅쾅 두드리라'고 썼다는 이야기가 떠올랐다.

많은 과학자들이 '모든 과학자들은 진화를 증명된 사실이라고 믿는다'고 가르치더라도 아서 키스가 "진화론은 증명되지 않으며 증명할 수도 없다. 진화론의 유일한 대안인 특수 창조설이 우리로선 상상도 할 수 없는 일이기 때문에 우리는 진화론을 믿는다"고 말한 것을 기억하라. 이 말은 내가 읽은 것 중에 가장 노골적인 편견을 인정하는 말이다. 아서 키스는 과학자들이 심한 편견에 사로잡혀서 세상을 창조하신 하나님이 존재하실지도 모른다는 사실은 상상도 할 수 없기 때문에 증명되지도 않으며 증명할 수도 없는 이론을 기꺼이 받아들인다고 말하고 있는 것이다.

아주 많은 사람들이 진화가 사실이라고 믿게 되었지만, 진화는 사실이 아니다. 진화는 무엇인가? 웨스턴오스트레일리아 대학교 해부학 교수인 데이비드 올브루크(David Allbrook)는 진화론이 "과학 신앙의 유서 깊은 교리"라고 말한다.[4] 유명한 생물학자 듀안 기쉬(Duane Gish) 박사는 "진화론은 성인들을 위한 동화다"라고 말한다. 나는 이것이 진화론의 정확한 모습이라고 생각한다.

〈그림 동화Grimms' Fairy Tales〉에 보면 한 소녀가 개구리에게 키스를 하자 개구리가 왕자가 되었다. 이것은 동화다. 진화론에서는 누군가 개구리에게 키스를 하자 200만 년 후에 개구리가 왕자가 된다. 아서 필드(Arthur Feild)가 지적한 것처럼 진화론은 "보이지 않는 것들에 대한 믿음, 만들 수 없는 화석에 대한 믿음, 존재하지 않는 발생학적 증거에 대한 믿음, 성공하는 것을 거부하는 육종시험에 대한 믿음"을 기초로 한다. 진화론은 신앙이다. 보이지 않는 것들의 실체를 믿는 신앙이다. 진화론은 불신자들의 종교다.

과학자들은 진화론을 지지하는가?

로버트 클라크(Robert T. Clark)와 제임스 베일스(James D. Bales)는 〈과학자들이 진화론을 받아들이는 이유Why Scientists Accept Evolution〉라는 제목이 붙은 흥미로운 책을 집필했다. 이 책에는 다윈과 헉슬리와 스펜서와 그 밖의 초기 진화론자들이 쓴 많은 편지들이 실려 있다. 이들은 하나님에 대한 적개심과 초자연적인 것에 대한 편견 때문에 진화론이라는 교리에 덥석 뛰어들었음을 은연중 인정하고 있다고 그 책은 지적한다.[5]

다윈의 조수였던 토마스 헉슬리(Thomas Huxley)의 후손이며, 세계에서 손꼽히는 진화론자이자 유네스코(UNESCO) 의장인 줄리안 헉슬리(Julian Huxley)는 한 토크쇼에서 이렇게 말했다. "사람들이 〈종의 기원〉을 재빨리 받아들인 이유는 하나님이라는 개념이 우리의 성적 도덕성에 개입하기 때문이라고 생각한다."[6]

그러나 일반인들이 진화론을 믿는 가장 일반적인 이유는 아마도 모든 과학자들이 진화론을 믿는다는 말을 들었기 때문일 것이다. 하지만 최근에 한 신문 기사에 따르면 500명이 넘는 과학자들의 단체가 진화론을 어느 한 부분도 전혀 믿지 않는다고 한다.

대영제국 명예기사, 배스 훈장 훈작사, 법학박사, 외과 의학 석사, 과학 박사, 영국 왕립 외과학회 학사원이자 전 회장 등 다소 인상적인 직함을 갖고 있는 세계적인 과학자 세실 워클리(Cecil Wakeley)는 이런 말을 했다. "성경은 하나님이 세상을 창조하셨다는 것을 명확하게 밝힌다. 나는 그것이 사실이며 허구가 아님을 믿는다. 과학적 증거는 물론 그 밖의 어떤 증거도 진화론을 지지하는 증거는 없다."[7]

앰브로즈 플레밍(Ambrose Fleming) 같은 유명한 과학자가 진화론을 완전히 거부했으며, 미국이 배출한 위대한 과학자인 하버드 대학교의 루이 아가시(Louis Agassiz)도 진화론을 거부했다.

진화론과 창조론은 양립할 수 없다

창세기 1장에는 하나님의 우주 창조에 대해 3500년 전에 나온 놀라운 진술이 있다. 하지만 여기서 분명히 지적해 두어야 할 것은, 어떤 사람들이 원하는 것처럼 성경과 진화론을 결합시키는 것은 불가능하다는 것이다. 설문조사를 보면 미국인 중 40퍼센트가 성경도 사실이고 진화론도 사실이라고 믿는다고 한다. 하지만 그 둘이 양립할 수 없다는 것과, 진화론의 적개심이 성경과 기독교를 향하고 있다는 것을 깨닫지 못하는 기독교인들이 많다.

프랑스 출신의 노벨상 수상자이자 진화론자이며 비기독교인인 자크 모노(Jacque Monod)는 기독교인이 진화론을 받아들이려고 하면 간담이 서늘해진다고 말했다. 진화론은 인간을 창조하는 가장 잔인하고 낭비적인 방법이다. 하나님이 성경 말씀대로 우리를 명령으로 창조하시지 않고 진화를 사용하셨다면, 하나님은 인간이 마침내 등장하도록 하기 위해 수억만 년이라는 시간을 들이시고 수천조의 수백억 배가 되는 생물들이 살고 피 흘리고 죽게 하셔야 했을 것이다. 그리하여 인간은 거대한 무덤 위에서 창조되었을 것이다. 이것은 하나님에 대한 기독교의 어떠한 견해와도 전혀 맞지 않는다.

나는 기독교인들이 이러한 타협에 참여한 이유는 과학이 진화론을 증명했다고 생각해서 성경을 마치 노즈 퍼티(낮은 코를 높이거나 광대뼈 등의 모양을 변화시킬 때 사용하는 분장 재료 - 옮긴이 주)처럼 잡고서 진화론과 어울릴 때까지 비틀었기 때문이라고 생각한다.

진화론자들은 진화론과 성경을 합칠 수 있다는 생각을 비웃는다. 진화론 지지자 가운데 가장 유명한 토마스 헉슬리는 이런 언급을 했다. "진화의 교리가 창조의 교리와 정면으로 대립한다는 것은 분명한 사실이다. …… 진화론을 확실하게 받아들인다면 성경을 믿는 것이 불가능해진다."[8]

진화론은 현대 불신자들의 종교이며, 지난 백 년 동안 하향세를 걷고 있는 모든 그릇되고 반기독교적인 '주의(ism)'들의 사이비 과학적 기초였다. 예를 들어 나치즘을 생각해보라. 히틀러는 니체의 진화론적 상투어인 '우수 민족'이라는 개념을 받아들였다. 다윈의 책의 부제인 "생존 경쟁에 유리한 종족의 보존"이 민족의 적자생존이라는 법칙과 필시 관련이 있을 것이다. 지배민족이라는 히틀러의 개념은 진화론적인 사고에서 나온 개념일 뿐이다. 선전 문구에서 다윈의 말을 자주 인용한 무솔리니는 "평화라는 개념은 적자생존과 종의 진보라는 개념에 모순되며, 전쟁은 적자생존에 필수적이다"라고 말했다.

다윈이 공산주의의 과학적 기초를 제공했다고 생각했기 때문에 칼 마르크스가 다윈에게 〈자본론 Das Kapital〉의 서문을 써 달라고 부탁했다는 것은 잘 알려진 사실이다. 전 세계에 걸쳐서 공산주의를 모의했던 사람들은 진화론적, 제국주의적, 자연론적 인생관을 지지하면서 곧바로 창조주를 우주 밖으로 밀어내려고 애를 썼다.

오늘날 진화론이 의지하고 있는 모든 기둥이 뽑히고 무너지고 있으며, 진화론에 반기를 드는 과학자들이 점점 더 많아지고 있다. 진화론자인 테오도시우스 도브잔스키(Theodosius Dobzhansky)의 표현에 따르면, 동물학에 대한 18권짜리 프랑스 백과사전의 저자이며, 동물학에 대한 지식이 굉장히 해박하다고 프랑스에서 손꼽히는 과학자 한 명이 진화론을 전면적으로 무너뜨리는 공격에 나섰다. 도브잔스키는 그에게 동의하지는 못하겠지만 그의 지식이 너무나 압도적이기 때문에 그를 절대로 무시할 수 없다고 말했다. 이 일이 흥미로운 이유는, 최근까지 어떤 과학자도 자신에게 엄청난 압력이 가해질 것을 예상해 정면으로 진화론을 반대하는 언급을 하기가 매우 어려웠기 때문이다.

우주에는 시작이 있다

창세기 1장에서 하나님의 직접적인 창조를 뜻하는 히브리어 단어 '바라(bara)'는 세 번 사용된다. 가장 먼저는 물질의 창조, 즉 물질적 우주의 창조를 말할 때 사용되었다. 두 번째는 생명의 창조를 말할 때, 세 번째는 인간의 창조를 말할 때 사용되었다.

창세기 1장에서 세 번 사용된 '바라' 가운데 물질적인 우주의 창조를 생각해 보자. 이것은 진화론자들이 절대로 해결하지 못하는 문제다. 천문학자들은 빅뱅 이론의 전반적인 부분을 믿는다. 빅뱅 이론은 우주가 한 때는 압축된 물질 덩어리로 존재했는데, 언젠가 우리의 이해를 초월하는 폭발을 했다는 것이다. 그 폭발로 인해 은하계 크기의 파편들이 내던져졌다. 이 파편들은 우주 공간 바깥쪽으로 빠르게 팽창해 가고 있다.

이것이 사실이라면 우주는 영원하지 않으며 시작이 있다는 의미일 것이다. 이 문제를 극복하기 위해 천문학자들은 우주의 팽창 속도가 느려져서 마침내는 정지할 것이라고 말했다. 그런 다음 중력이 우주를 다시 끌어당길 것이며, 우주는 팽창과 수축을 영원동안 계속할 것이라고 했다. 우주 자체를 재창조하면서 말이다.

과학은 이것에 대해 무슨 말을 했을까? 〈타임Time〉 과학면에 실린 한 기사는 무한한 우주에 대해 이렇게 말했다. "캘리포니아의 존경받는 천문학자인 앨런 샌디지(Allen Sandage)와 제임스 건(James Gunn)은 수년간 연구하고 계산한 끝에 비슷한 내용을 각기 발표했는데 바로 우주가 영원히 팽창하리라는 것이었다."

헤일 천문대의 샌디지는 먼 거리에 있는 은하계들을 15년 동안 주의 깊게 관찰한 결과를 기초로 해 그런 결론을 내렸다. 은하계들의 빛이 스펙트럼의 적색 끝부분을 향해서 이동한 양을 측정해 보니 은하계들의 속도가 전혀 줄어들지 않았으며 오히려 더 빨라지고 있다는 것을 특별히 언급했다. 그래서 은하계가 다시 수축할 가능성은 전혀 없다는 것이다. 더 중요한 것은 가까이에 있는 은하계들에서 빛이 적색 끝부분으로 이동한 양을 보면 은하계가 바깥쪽으로 확장하는 속도가 중력 때문에 줄어드는 것이 전혀 보이지 않는다는 것이다. 우주가 마침내는 스스로 문을 닫을 것이라는(줄어들 것이라는) 개념을 수년간 주도적으로 지지해 왔던 샌디지는 "이것은 끔찍할 만큼 놀라운 일이다"라고 말했다.

구경 5미터짜리 망원경이 있는 팔로마 천문대에서 연구를 한 건과 구스타프 탬먼(Gustav Tammann)은 닫힌 우주에 대한 논쟁이 '사실상 신학적인' 논쟁이라고 말한다.[9] 사람들은 닫힌 우주라는 개념을 열정적으로 붙잡고 있는데, 만일 닫힌 우주라는 개념을 포기한다면 우주의 시작을 인정해야 하기 때문이다. 시작이 있다는 것은 그들이 응답해야 하는 창조주가 틀림없이 존재한다는 뜻이다.

건은 "이 팽창은 정말 이상한 것이어서 처음에는 그것이 사실일 리가 없다고 생각했다. 그러나 그것은 가장 분명한 사실이다"라고 말했다.[10] 그리고 현대 천문학이 발견한 최고의 사실, 즉 우주에는 시작이 있다는 사실에 대해 현재 진화론자들은 어떠한 설명도 하지 못한다.

생명 창조의 세밀한 증거

생명의 창조에 대해서도 생각해 보자. 다윈은 단순한 단세포를 계속 언급했다. 다윈 시대의 조잡한 현미경으로 볼 때 단세포는 중심에 씨를 갖고 있는 아주 작은 농구공 같은 작은 조각으로 보였다. 그러나 이제 인간 세포는 굉장히 복잡하며 더 작은 단백질 분자 수십 만 개로 이루어져 있다는 것이 알려졌다.

하버드 대학교 고생물학자인 조지 게일로드 심슨(George Gaylord Simpson)은 단백질 분자 한 개가 인간이 알고 있는 것 중에 가장 복잡한 물질이라고 말한다. 단세포 하나도 너무나 복잡해서 그것을 연구하는 과학자들을 깜짝 놀라게 한다.

최근엔 과학 분야에서 확률의 과학이 발달하고 있다. 캘리포니아에 있는 생물학 확률 연구소 소장인 제임스 코페즈(James Coppedge) 박사는 확률 연구의 모든 법칙을 단세포 하나가 우연히 존재하게 될 가능성에 적용해 보았다. 같은 방식으로 단백질 분자 하나를 검토했으며, 유전자 하나까지도 검토했다.

그의 발견은 혁명적이다. 그는 지구 표면에 있는 모든 세계, 즉 가능한 모든 대양과 모든 원자와 모든 지각을 컴퓨터로 계산했다. 그런 다음에 아미노산들을 자연 상태에서 결합하는 것보다 1조 5

천만 배 빠른 비율로 결합시켰다. 컴퓨터로 그 확률을 계산하여 그는 단백질 분자 하나를 우연히 만드는 데 10의 262제곱 년(年)이 걸린다는 것을 알아냈다.

대부분의 사람들은 이게 무슨 의미인지 감이 오지 않는다. 그것은 인간에게 알려진 살아 있는 가장 작은 단세포인 마이크로 프래즘 호미니스 H39 하나를 만드는 데 10의 119,841제곱 년이 걸린다는 뜻이다. 그건 1을 쓰고서 그 다음에 0을 계속해서 쓴 종이들로 우주를 다 채우더라도 쓸 수가 없는 햇수다. 인간의 어떤 세포보다 작은, 살아 있는 단세포 하나를 만드는 데도 이렇게 많은 시간이 걸린다.

코페즈 박사는 사용할 수 있는 유전자 하나가 우연히 생기는 데 걸리는 시간을 설명하기 위해, 아메바 하나가 300억 광년이라 추정되는 은하계의 원자를 하나씩 옮겨서 은하계 전체를 옮기는 데 걸리는 시간을 상상해 보라고 했다. 이 단세포 생물이 활기에 차고 결코 죽지 않는 가운데 얼마의 속도로 이런 엄청난 임무를 수행해 낼까?

코페즈 박사는 아메바의 속도를 상상할 수 있는 가장 느린 속도, 즉 150억 년마다 1옹스트롬(1센티미터의 1억분의 1)을 가는 속도라고 말했다. 이것은 아메바가 가장 작은 원자인 수소원자의 넓이를 은하계가 존재했던 시간이라고 추정되는 150억 년 동안에 이동할 것이라는 뜻이다.

아메바가 이렇게 엄청나게 느린 속도로 한 은하계를 전체 은하계의 넓이만큼 옮기는 데 시간이 얼마나 걸릴까? 은하계를 횡단하는 일에 필요한 시간은 상상을 초월한다. 하지만 사용 가능한 유전자 하나가 우연히 생겨날 수 있게 되기 전에, 우리의 끈기 있는 아메바는 한 번에 원자 하나씩 옮겨서 은하계 전체를 옮겼을 뿐 아니라, 지구상에 살고 있는 사람 40억 명이 모두 하루 24시간씩 5천년 동안 셀 수 있는 것보다 더 많은 은하계를 옮겼을 것이다. 그런데도 진화론자들은 이것보다 훨씬 더 복잡한 일이 언제나 일어난다는 것을 믿으라고 한다.[11]

프랑스의 뛰어난 과학자이자 확률 전문가인 에밀 보렐(Emile Borel)은 보편적으로 어떤 일이든 확률이 10의 50제곱이 넘는 일이라면 결코 일어나지 않는 일이라고 말했다. 인간세포가 우연히 생길 확률은 10의 119,000제곱이며, 이것은 우리가 이해할 수도 없는 수치다.

확률 과학자들에 따르면, 이러한 확률의 일은 결코 일어날 수가 없다. 인간의 발달을 포함하여 다른 모든 발달에도 이것은 동일한 사실이다. 그런데도 우리는 '어쨌든 지난 20억 년 동안 이러한 일이 일어났을 뿐 아니라 이 살아 있는 단세포가 모든 종류의 생물로 발달했고, 모든 생물이 그 단세포에서 진화했다'는 말을 듣고 있다.[12]

토마스 헉슬리는 이렇게 말했다. "진화론에 유리한 가장 주요하고 직접적인 증거는 고생물학이 제공할 수 있다. …… 진화가 일어났다면 그 흔적이 남겨질 것이며, 진화가 일어나지 않았다면 그것을 반박하는 것이 있을 것이다."[13] 이 뛰어난 진화론자는 오직 고생물학에만, 즉 화석 기록에만 진화를 증명할 것이 있다고 말한다.

"지질학의 연구는 ……과거와 현재의 종들 사이에 있어야 하는 아주 많은 미세한 단계적 변화를 내놓지 못한다."[14] 이것은 찰스 다윈이 한 말이다.

오늘날 진화론의 대제사장격인 하버드 대학교의 조지 게일로드 심슨은 이렇게 말했다. "이러한 예에도 불구하고, 모든 고생물학자가 알고 있는 것처럼 새로운 종(種)과 속(屬)과 과(科)가, 그리고 과를 넘어서는 거의 모든 새로운 범주들이 기록에 갑자기 나타나며, 그에 앞서는 점진적이고 연속적이고 과도기적인 단계가 없다."[15] 캄브리아기층 시대에 세상에 있는 모든 무척추 동물들이 어떠한 선조 동물도 없이 완전하며 복잡한 생물로 등장했다. 이것은 진화론자들이 전혀 설명할 수 없는 일이다.

과학자 리처드 골드스미트(Richard Goldschmidt)는 어떠한 새로운 종도 소돌연변이에 의해서 만들어질 수 없다고 지적한다. 자신의 책인 〈이론 유전학Theoretical Genetics〉에서 그는 이렇게 말한다. "돌연변이를 가지고는 아무도 결코 새로운 종이나 속 등을 만들어 낼 수 없다. 소돌연변이를 선택해서 종 하나라도 만들지 못한다는 것도 사실이다." 사실 그는 새로운 종이 정말로 천천히 만들어질 가능성을 그렇게 버리고 자신이 '희망적인 괴물 이론'이라고 부르는 것에 이르렀다.[16] 희망적인 괴물 이론은 언젠가 도마뱀이 알을 낳고서 그 위에 앉아 있자 그 알을 깨고 독수리가 나왔다는 이론이다.

이것이 놀랍다는 생각이 들지 모르지만, 최근에 제프리 본(Geoffrey Bourne)이라는 과학자가 인간과 유인원을 관찰한 결과, 유인원이 인간에게서 나왔다는 확고한 결론을 내리게 되었다고 발표했다. 또 다른 과학자 넬슨(B. C. Nelson)은 다양한 동물들 간의 혈액의 유사성을 살펴보고서 유인원이 아니라 돼지가 인간과 가장 가까운 친척이라고 결론을 내렸다.[17] 이러한 서로 다른 결론들이 같은 증거에서 도출되었다면, 도대체 어떤 증거를 살펴봐야 할까?

마드라스 대학교의 동물학자인 에녹(Enoch) 교수는 이렇게 말했다. "고생물학의 사실들은 진화보다는 창조와 홍수를 지지하는 것으로 보인다. 예를 들어 모든 종류의 무척추 동물들이 갑자기 최초의 화석층(캄브리아기)에 서로 구별되게 분화된 채로 지구상에 나타나는 것은 그들이 모두 거의 동시에 창조되었다는 것을 시사한다."[18]

강경한 진화론자인 모건(T. H. Morgan)은 자신의 책 〈진화와 적응 Evolution and Adaption〉에서 이렇게 말했다. "인간 역사의 시기에서 우리는 한 종이 다른 종으로 변화된 예를 하나도 알지 못한다. …… 그러므로 혈통 이론은 그 이론을 과학적 기반에 올려놓는 데 필요한 가장 본질적인 요소를 결여하고 있다고 주장할 수 있다. 이것은 인정되어야 한다." 단 하나의 예도 없다. 그런데 헉슬리는 거기에 증거가 없다면 다른 어느 곳에서도 증거를 발견할 수 없다고 주장한다.

진화의 증거가 없다! 세계에서 아주 뛰어난 일부 과학자들은 진화론이 전혀 앞뒤가 맞지 않으며, 불가능하고, 증명할 수 없는 이론으로 여긴다. 그러나 수많은 사람들이 진화론을 사실이라고 생각하도록 세뇌되었기 때문에 진화론을 자연스레 받아들여 왔다.

진실은 하나님이 당신과 나를 창조하셨다는 것이다. 우리를 하나님에게로 더 가까이 이끌기 위해 기독교인들이 만든 과학 운동을 채가버린 사람들, 자연주의적이고 물질주의적이며 무신론적인 세계를 사실로 가정해 버린 사람들, 세계의 수천만 학생들에게 그것을 주입한 사람들은 결국 자신들이 어떤 사람들인지 알게 됐다. 그들은 거짓의 스승이었으며, '대단한 거짓말'을 퍼뜨린 사람들이었다.

진화론은 작은 이교로 여겨질 것이다

진화론이 와해되고 있다. 진화론의 벽과 마루에 균열이 나타나고, 기둥이 무너지고 있다는 것을 지적하는 수백 권의 책과 기사가 최근 수십 년 동안 쓰였다. 사고에 있어서 일종의 혁명이 있을 것이며, 진화론은 그저 20세기의 작은 이교, 즉 일종의 분파로 여겨질 것이다.

아서 덴턴(Arthur Denton)은 이렇게 썼다. "생명과 인간이 우연의 결과라는 생각과, 생명과 인간이 지적이고 창조적인 활동의 직접적인 결과라는 성경의 주장은 양립할 수 없다. 다윈의 이론은 인간과 하나님의 연결 고리를 끊어 버리고 인간을 목적이나 끝이 없는 채로 우주 속에서 떠돌아다니게 했다. 그 영향력은 너무나 근본적인 것이었다."

그러나 그 영향은 지속되지 못할 것이다. 인생에는 목적이 있으며 의미 있는 끝이 있다는 전통적인 신학적 사고가 승리할 것이고, 이 땅에 있는 우리의 나날들을 계속 다스릴 것이다. 우리 인생에는 목적이 있으며 끝이 있을 것이다. "나를 지으심이 심히 기묘하심이라"(시 139:14). 이것은 우리가 모두 기이하고 놀랍게 만든 피조물임을 다윗 왕이 선포한 말이다. "내 영혼이 잘 아나이다."

우리는 언젠가 하나님께 우리 인생에 대해 이야기하게 될 것이다. 성경은 우리가 모두 하나님의 법을 어겼고, 그분 보시기에 죄인이며, 그분 앞에 설 때 우리가 자신의 공로에 따라 판단을 받는다면 영원히 유죄 판결을 받는 것이 당연하다는 것을 분명하게 선언한다.

이것은 오직 하나님의 자비 안에서만 우리에게 소망이 있으며, 그 자비는 하나님의 아들이신 예수 그리스도 안에서만 나타났다는 것을 의미한다. 하나님은 예수 그리스도를 이 세상에 보내어서 우리와 같은 처지에서 살게 하시고, 우리를 대신하여 죽게 하셨다. 하나님의 말씀은 우리가 그리스도를 믿으면, 그분은 우리의 죄를 값없이 용서해 주시며 영원한 생명이라는 선물을 주실 것이라고 선언한다.

우리는 언젠가 우리의 창조주 하나님 앞에 설 것이다. 우리가 자기 안에 있다고 생각하는 선함이나 도덕성이나 경건함이나 신앙심을 신뢰한다면 우리는 제대로 서 있을 수 없을 것이다. 창조주 하나님 앞에 흠 없이 설 수 있도록 십자가로 달려가서 그리스도의 의로 옷을 입자.

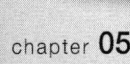

chapter 05

"지금 잘 살면 되지 죽은 후의 삶이 어딨어?"
내가 천국을 믿는 이유

내가 들으니 보좌에서 큰 음성이 나서 이르되 보라 하나님의 장막이 사람들과 함께 있으매
하나님이 그들과 함께 계시리니 그들은 하나님의 백성이 되고 하나님은 친히 그들과 함께 계셔서
모든 눈물을 그 눈에서 닦아 주시니 다시는 사망이 없고 애통하는 것이나 곡하는 것이나
아픈 것이 다시 있지 아니하리니 처음 것들이 다 지나갔음이러라(계 21:3-4).

수세기 전에 욥이 제기한 질문만큼 사람들의 마음을 끊임없이 괴롭혀 온 질문은 없을 것이다. 구약 성경에서 가장 먼저 기록된 책인 욥기에는 지금까지 무수한 사람들의 마음을 쓰라리게 한 그 질문이 나온다. "장정이라도 죽으면 어찌 다시 살리이까"(욥 14:14). 이런 질문은 관속에 있는 어린 자식의 차가운 얼굴을 바라보는 부모에게서, 전쟁터에서 만신창이가 된 전우의 시신을 바라보는 병사들에게서 나온다. 주인을 잃어버린 의자가 있는 모든 가정에서 욥의 질문이 피할 수 없이 가족의 마음을 괴롭게 했다.

1300여 년 전에 노섬브리아(영국 앵글로색슨시대의 7왕국 중 하나 - 옮긴이 주)에 최초의 기독교 선교사들이 도착했다. 이 선교사들은 노섬브리아의 에드윈 왕의 궁정에 가서, 횃불이 환히 밝히고 있고 벽난로에는 장작들이 타고 있는 큰 방에서 반백의 족장들에게 둘러싸인 채 기독교 신앙에 대한 첫 설교를 했다. 설교가 끝나자 한 족장이 물었다. "이 새로운 종교는 죽은 다음에 어떤 일이 일어나는지 우리에게 말해 줄 수 있습니까? 인간의 영혼은 이 밝은 방을 지나서 날아가는 참새와 같습니다. 참새는 문 하나를 통해 어두운 바깥에서 들어와서 이 밝고 따뜻한 곳을 날아서 통과해 저 끝에서 다시 어둠 속으로 나가버립니다. 이 새로운 종교는 우리에게 이 비밀을 설명해 줄 수 있습니까?"[1]

나는 그 '새로운 종교'가 사후의 삶에 대해서 분명하고 확실하게 말해줄 수 있는 유일한 종교라고 확신한다. 나는 불멸을 믿으며 천국을 믿는다. 그 이유는 다양하다. 물론 그 이유들이 다른 사람들에게 중요도가 똑같지는 않겠지만, 그 이유들은 내가 매우 강하다고 믿는 끈을 함께 엮어가는 실들이다.

과학적 증거와 자연의 유추

우선 과학의 영역에서 나온 주장을 생각

해 보자. 열역학의 제1법칙은 에너지나 물질이 새로 생기거나 없어질 수 없다고 한다. 에너지나 물질은 형태가 바뀔 수는 있지만, 없어질 수는 없다. 이것은 아인슈타인이 밝힌 것이며, 히로시마에서 결정적으로 증명되었다.

버리스 젠킨스(Burris Jenkins)는 이것을 이렇게 말한다. "과학자들에 의하면 원자 단 하나도 사라질 수는 없다. 단지 형태가 바뀔 뿐이다. 우리가 무엇인가를 태워도 없앨 수 없다. 그저 고체 상태에서 기체 상태로 변화시키는 것뿐이다. 어떤 에너지나 힘도 파괴된 적이 없으며, 오직 형태가 바뀔 뿐이다."[2] 인간이 존재하기를 그만둔다면, 인간은 우주에서 유일하게 사멸하는 존재가 될 것이다. 그러므로 첫째로, 우리가 계속해서 존재할 것이라는 가능성이 있다.

둘째, 자연의 유추를 생각해 보자. 윌리엄 제닝스 브라이언(William Jennings Bryan)이 〈자연의 유추Analogies of nature〉라는 책에서 누구보다 탁월하게 이것을 이야기했다. "그리스도가 우리에게 불멸의 증거를 주셨다. 그렇지만 무덤이 끝이 아니라는 것을 확신시키기 위해 누군가 죽은 자들 가운데서 굳이 다시 살아나야 할 필요가 있는가. 하나님 아버지께서 땅에 묻혀서 죽은 것같이 차가운 도토리의 심장을 그분의 능력으로 만지셔서 도토리가 새로운 생명으로 싹이 트게 하신다면, 하나님께서 창조주이신 그분의 형상으로 만드신 인간의 영혼을 땅속에 방치하시겠는가? 하나님께서 가을바람에 시든 꽃잎을 날리는 장미나무에게 또 한 번의 봄철을 달콤하게 보증해 주신다면, 인간에게 겨울 서리가 내릴 때 소망의 말씀을 안 주시겠는가? 자연의 힘에 의해 모습이 변하는 말없고 죽은 것 같은 물질도 결코 사라질 수가 없다면, 이 진흙과 같은 육신에 귀빈처럼 잠시 방문한 사람의 영혼이 소멸되겠는가? 절대 그렇지 않다. 나는 오늘 내가 살아 있는 것을 확신하는 것처럼 또 다른 삶이 있다는 것을 확신한다!"[3]

인간에게 영원에 대한 소망을 두셨다

셋째, 인간에게는 영원에 대한 갈망이 있다. 동물에게는 그와 같은 갈망이 존재하지 않는다는 것을 전혀 생각해 본 적이 없는 사람들도 있을 것이다. 〈죽음 이후-무엇?*After Death-What?*〉이라는 책에서 메디슨 피터스(Madison C. Peters) 박사는 이렇게 말한다. "산에 있는 양떼와 소떼, 날개달린 곤충과 딱정벌레, 강과 바다에서 즐겁게 뛰노는 물고기는 각기 살다 죽지만, 미래의 필요에 대한 염려로 그들의 평온을 방해받지 않는다. 하지만 인간은 결코 그렇지 않다. 인간만은 부나 명성, 지식, 권력, 세상적인 즐거움이 있어도 결코 만족하지 않는다. 왕에서 거지에 이르기까지 '인간은 결코 현실에 만족할 수 없으며, 언제나 미래의 복도 얻어야 하는 존재이다.'"

이것을 어떻게 설명할까? 성경은 하나님께서 인간의 가슴 속에 불멸, 즉 영원에 대한 소망을 두셨다는 사실을 매우 분명하게 전해 준다. 하나님의 모든 피조물 가운데 오직 인간만 영생을 갈망한다. 이러한 갈망은 어디서나 볼 수 있다. 이것은 인간이 인생의 수수께끼에 대한 다른 어떠한 대답도 받아들일 수 없게 하는 인류의 보편적인 경험이다. 에머슨(Emerson)은 이렇게 말했다. "다른 어떠한 대답에도 우리가 만족하지 않는다는 것이 영생에 대한 명약관화한 증거다."[4]

세계 어느 곳에 가든지 인간의 마음과 생각 속에 선천적으로 있는 개념을 발견하게 된다. 그러한 개념들은 경험에서 생긴 것이 아니라 원래 타고난 것이며, 이러한 선천적 개념들은 동물의 본능에 해당하는 인간의 개념이다. 그것은 무엇인가? 어디에나 하나님에 대한 믿음이 있다. 어디에나 옳고 그름에 대한 믿음이 있다. 원인과 결과에 대한 믿음이 있다. 시간과 공간에 대한 믿음이 있다. 그리고 영생에 대한 믿음도 보편적으로 발견된다. 이것을 부인한 사람들도 있다.

에드워드(Edwards) 박사는 불멸에 대한 믿음이 없는 종족을 발견하려고 오지도 마다하지 않고 철저하게 연구조사를 했다. 불멸을 믿지 않는 것처럼 보이던 집단도 좀 더 조사를 해 보면 왜곡되고 뒤틀어져 있긴 했지만 불멸을 믿는 신앙이 있었다.

아프리카 중심부에 살든지 태평양에 살든지 고산지대에 살든지 지구상에는 미래의 삶에 대한 믿음이 없는 민족이 없었다. 그 삶이 아메리카 인디언의 행복한 사냥터이건, 하늘에 있는 궁전이건, 회교도의 관능적인 거처이건 간에 말이다. 이것을 어떻게 설명할까? 이 보편적인 믿음에 대한 증거가 수집되기 오래 전에 키케로는 이렇게 말했다. "모든 일에 있어서 모든 민족이 동의하는 것은 자연의 법칙으로 여겨야 한다. 그리고 그것을 거스르는 것은 신의 음성을 거스르는 것이다."[5]

이것은 야만인들과 미신에 사로잡힌 사람들과 무지한 사람들뿐 아니라 역사상 위대했던 철학자들에게도 진리였다. 크리토가 소크라테스가 죽던 밤에 물었다. "어떤 방법으로 묻어드릴까요?" 소크라테스는 이렇게 대답했다. "좋을 대로 하게. 그저 나와 계속 접촉하고, 내가 그대에게서 떠나 버리지 않도록 조심하게." 플라톤은 〈파이돈Phaedon〉에서 불멸에 대한 믿음을 설득력 있게 주장했으며, 철학자 셸링(Schelling)을 비롯해 수많은 사람들도 그런 주장을 했다.[6]

토마스 칼라일(Thomas Carlyle), 토마스 제퍼슨(Thomas Jefferson), 하인

리히 하이네(Heinrich Heine) 같은 다른 작가들과 시인들도 같은 주제를 표현했다. 괴테는 이렇게 말했다. "우리가 아무리 이 땅에 강하게 얽매이고 붙어 있어도 마음 깊은 곳에 있는 갈망이 우리로 하여금 하늘로 시선을 돌리게 한다. 설명할 수 없는 깊은 감정이 우리가 위에서 빛나는 또 다른 세계의 시민이라는 확신을 우리에게 주기 때문이다." 알프레드 로드 테니슨(Alfred Lord Tennyson)은 이렇게 말했다.

> 시간과 공간의 한계에서
> 물결 나를 멀리멀리 실어가도
> 나 모래톱 건널 때에
> 나 인도하시는 그분 만나 뵈옵기를.[7]

바이런(Byron)은 이렇게 말했다.

> 내 불멸이
> 모든 고통, 모든 눈물,
> 모든 두려움과 울림을 휩쓸어 버리고,
> 깊은 곳에서 울리는 영원의 천둥소리처럼

내 귀에 이 진리 외치는 것을 느끼네.
"너는 영원히 살 것이다!"[8]

피지 제도에서부터 철학자들의 서재에 이르기까지 어느 곳에나 인간이 계속 살 것이라는 믿음이 있었다. 애디슨(Addison)은 영생에 대한 인간의 확신을 요약해서 말했다.

존재의 안전을 확보한 영혼은
단검 앞에서도 미소 지으며, 그 칼끝을 무시한다.
별들은 빛 잃겠고,
태양도 세월의 흐름에 점점 어두워지고,
자연도 시간 흐르면 함몰되겠지만,
그대, 비바람과 물질의 잔해와
세상의 위기 속에서 상하지 않고
불멸의 젊음 누리며 꽃 피우리.[9]

우리는 영원을 위해 창조되었다. 이 같은 믿음은 이집트인들과 페르시아인들과 아시리아인들과 바빌로니아인들, 또 중국인과 힌두교도에 이르기까지 모든 고대 종교에 존재한다. 하지만 모두가 다른 그 무엇도 줄 수 없는 확신을 줄 예수 그리스도를 기다려 왔다.

그리스도와 성경과 하나님의 증거들

아돌프 폰 하르나크(Adolf von Harnack)는 이렇게 말했다. "그리스도의 무덤은 죽음이 정복되고 영원한 삶이 존재한다는 확고한 믿음의 탄생지이다. 플라톤의 말을 인용하는 것은 무익하며, 페르시아 종교와 후기 유대교의 사상과 문학을 들이대는 것도 무익하다. 그 모든 것들은 사라질 것이었지만, 요셉의 동산에 있던 무덤과 연결된 부활의 확실성과 영원한 삶의 확실성은 사라지지 않았다. 이 세상에서 우리의 삶을 가치 있게 하고 견딜 만하게 해 주는, 영원한 도성의 시민권에 대한 소망은 예수께서 살아계신다는 확신을 근거로 한다. 사망의 고통에 평생 얽매여 있던 사람들을 예수께서 구원해 주셨다."[10]

"그가 다시 사셨다"는 것이 그분을 믿는 모든 사람들에게는 분명하고 확실한 소망이다. 우리에게는 인류의 보편적인 증거뿐 아니라 예수 그리스도와 그분의 부활이라는 증거도 있다.

하버드 대학교 법학 교수이자 증거법 분야의 최고 권위자인 사이먼 그린리프(Simon Greenleaf) 박사는 증거법에 대한 자신의 해박한 지식을 방대한 탐조등으로 삼아서 예수 그리스도의 부활에 대한 증거를 향해 비추어 모든 맥락을 철저하게 드러내 보였다. 그린리프 박사는 부활의 증거가 너무나 강력하기 때문에 세상의 어느 공정한 법정에서든 부활을 역사적인 사실이라고 선언할 것이라는 결론에 이르렀다.

그리스도의 부활에 대한 증거의 모든 부분은 천국에서 누릴 영생에 대한 증거다. 예수께서도 똑같이 말씀하셨기 때문이다. "(나는) 살아 있는 자라 내가 전에 죽었었노라 볼지어다 이제 세세토록 살아 있어 …… 이는 내가 살아 있고 너희도 살아 있겠음이라 …… 내가 너희를 위하여 거처를 예비하러 가노니"(계 1:18, 요 14:19, 요 14:2).

우리는 성경의 영감에 대한 증거가 하나님에게서 온 계시라는 것에 유의해야 한다. 그것은 영생이라는 사실에 대한 증거이기도 하다. 이러한 증거들은 그 자체로 강력해서 이의가 제기될 수 없다. 어떠한 회의론자도 성경의 영감에 대한 증거들을 뒤집을 수 없었다. 이러한 증거들은 천국에 영생이 있다는 사실을 더 분명하게 확증한다. 동일한 성경이 그리스도를 믿는 사람들은 영원히 살 것이라고 가장 분명히 선언하기 때문이다.

하나님에 대한 증거가 영생에 대한 증거라는 것도 기억하라. 이러한 증거들은 각기 영생이라는 뛰어난 교리를 받치는 또 다른 기둥이다. 우리를 "이 진흙 같은 육신 속에서 잠시" 살게 하신 하나님은 우리를 속이지 않으실 것이기 때문이다.

우리 모두는 하나님이 주신 재능의 개발을 시작도 하지 못 했다. 자신이 연구하기로 결심한 삶이나 자연이나 예술의 영역에서 가장 작은 분야라도 제대로 아는 사람이 없다. 배우면 배울수록 우리는 우리가 그 옷자락을 건드리기만 했다는 것을, 이러한 재능들을 개발하라고 하나님이 우리에게 영원이라는 시간을 주셨다는 것을 더 잘 알게 된다.

죽는 순간과 관련된 증거들

또 다른 증거는 죽는 순간이라는 증거다. 한 가지 매우 분명한 게 있다. 예수 그리스도를 믿은 사람들과 믿지 않은 사람들의 죽을 때 모습이 놀랄 정도로 다르다는 것이다. 수많은 사람들이 죽는 것을 곁에서 지켜 본 한 불신자 의사조차도 "기독교인과 다른 이들의 죽음 사이에는 큰 차이가 있다"고 말한 적이 있다.

우리는 이것을 마지막 말에 대한 기록에서 볼 수 있다. 내 서재에는 유명한 사람들 수천 명이 죽음의 자리에 이르렀을 때 마지막으로 남긴 말을 담은 책이 몇 권 있다. 사람이 어떻게 죽음과 대면하는지를 다룬 책의 한 페이지에서 우리는 유명한 불신자인 에드워드 기본(Edward Gibbon)이 남긴 말을 본다. "온통 암흑이다." 다른 페이지에서는 '만세 반석 열리니'라는 찬송가를 작사한 어거스트 토플래디(Augustus Toplady)가 마지막으로 남긴 말이 있다. "온통 빛, 빛, 빛이다!"[11]

죽음 직전에 있던 많은 사람들이 앞으로 일어날 일을 예감했다. 그들은 자신의 것인 영광을 미리 조금 맛보았으며, 먼저 죽어서 떠난 사람들을 보았다. 그들이 이 세상을 떠나기 전의 마지막 순간에 하늘이 그들 앞에서 열려서 그들이 이제 곧 가게 될 세상을 보여 주었다. 믿지 않는 사람들에게는 지옥이 그들을 삼키려고 입을 열었다. 불신자 애덤스(Adams)는 "악마들이 방에 있어. 나를 끌어당기려고 해!"라고 외쳤다. 이 세상에서 유명한 회의론자들과 불신자들이 마지막으로 남긴 말을 들으면 당신은 소름이 돋을 것이다.

이 이상의 새로운 증거를 정신과 의사인 엘리자베스 퀴블러 로스(Elisabeth Kübler-Ross) 박사와 레이먼드 무디(Raymond Moody) 박사가 제시했다. 퀴블러 로스는 자신의 연구 결과를 세상에 처음 발표할 때, 자기는 아무 종교도 믿지 않는 사람이라고 밝혔다. 사망과 임종에 관해 세계적으로 손꼽히는 권위자라고 인정받는 이 여의사는 죽을병에 걸린 환자들 수천 명을 담당해 왔다. 연구를 하면서 퀴블러 로스는 임상학적으로 사망 선고를 받았다가 소생한 사람들을 많이 만나게 됐다. 퀴블러 로스와 무디는 그 중에서 죽었다가 다시 살아난 사람들 5백 명 이상을 조사했다.

이 사람들은 아름다움과 놀라움과 기쁨과 즐거움이 있는 곳을 말해 주거나 끔찍한 무언가를 말해 주었다. 이 사람들은 몸 밖으로 떠올랐는데, 몸 밖에 있었지만 실제 몸을 갖고 있었다. 또 앞 못 보던 사람들이 의사들이 "죽었다"고 선언하는 것을 볼 수 있었다. 그들은 누가 방에 들어왔는지, 들어온 사람들이 어떻게 생겼었으며 무슨 일을 했는지 말해 주었다. 그러나 다시 살아났을 때 그들은 다시 아무것도 볼 수 없었다.

한 의사가 내게 임상적으로 사망 선고를 받았던 어느 남자의 주치의로서 경험한 일을 이야기해 주었다. 의사는 그 남자를 다시 살리는 데 성공했지만, 그 남자는 영광스런 순간을 경험하고 있었는데 비참한 현실로 다시 데리고 왔다면서 의사를 고소했다.

한 여인은 호흡정지를 겪은 후 자신의 상태를 설명하면서, 의사들이 자기를 살리려고 애쓰며 몸을 마구 치고 있었다고 말했다. 자기는 의사들을 위에서 내려다보면서 "나를 내버려 두세요!"라고 말하고 있는데 말이다.[12]

그곳에는 그들이 한 번도 경험해 보지 못한 평안과 온전함과 행복과 기쁨과 사랑이 있었다. 그것은 아마도 하나님이 이 불신의 시대에 가장 지독한 회의론자까지도 죄를 깨닫게 하시려고 주신 증거일 것이다.

오늘날 심폐소생술의 출현으로 그야말로 전 세계적으로 죽었던 사람들 수백만 명이 다시 살아났다. 나는 천국과 지옥에 다녀온 사람들과 이야기를 해 봤는데, 이 세상이 우리에게 진짜인 것처럼 그들에게 천국과 지옥이 진짜였다.

나는 지옥에 다녀온 사람의 경험을 적어두기도 했다. 나중에 내가 그 사람에게 물었다. "지옥이 있다는 것을 믿습니까?" 그 사람이 대답했다. "아니요, 저는 지옥이 있다는 것을 믿지 않습니다. 저는 지옥이 있다는 것을 알고 있고, 다시는 그곳에 갈 계획이 없습니다."

어디에서 영원히 살 것인가?

나는 이 세상 삶이 끝난 후에도 삶이 있다는 것을 확신한다! 삶은 계속되며 그치지 않는다. 우리가 고려할 문제는 사람이 죽은 후에 다시 살아가느냐 아니냐 하는 것이 아니다. 우리는 죽을 것이 아주 분명하며, 다시 살아갈 것도 아주 분명하기 때문이다.

문제는 우리가 어디에서 영원히 살 것이냐 하는 것이다. 삶이라는 이 기차에는 역이 하나 이상 있기 때문이다. 성경은 천국이 있다는 것을 아주 명확하게 밝히지만, 모든 사람이 천국에 가는 것이 아니라는 것도 분명히 말하고 있다. 예수께서 말씀하셨다. "좁은 문으로 들어가라 멸망으로 인도하는 문은 크고 그 길이 넓어 그리로 들어가는 자가 많고 생명으로 인도하는 문은 좁고 길이 협착하여 찾는 자가 적음이라"(마 7:13-14).

우리는 어디에서든 영원히 살 것이다! 어떤 이들은 더 없이 기쁨이 넘치고 복된 천국에서, 하나님을 사랑하고 믿는 이들을 위해 그분이 어떠한 영광을 준비해 놓으셨는지 인간이 마음과 생각으로 상상하지도 못할 천국에서 영원히 살 것이다. 다른 이들은 결코 끝이 없는 지옥에서 살 것이다. 이것을 무시하고, 비웃고, 억제하고, 가려 보라. 그래도 이 일은 일어날 것이다!

그러면 사람이 어떻게 천국에 가는가? 도마는 이렇게 말했다. "주여 주께서 어디로 가시는지 우리가 알지 못하거늘 그 길을 어찌 알겠사옵나이까"(요 14:5). 참으로 많은 사람들이 그 길을 모른 채 도마의 전철을 밟고 있다. 예수께서는 도마에게 "내가 곧 길이요 진리요 생명이니 나로 말미암지 않고는 아버지께로 올 자가 없느니라"(요 14:6)고 대답하셨다.

천국으로 가는 길은 십자가만큼이나 좁다. 기꺼이 자기를 낮추며, 자기 죄를 인정하고, 자기를 대신하여 죽으신 하나님의 아들을 믿는 사람들만 천국 문으로 들어갈 수 있다. 내가 나 자신에 대해 알고 있는 두 가지 사실이 있다.

첫째, 나는 지옥에 속한 사람이기 때문에 지옥에 가야 한다는 것이다. 수만 번을 수만 가지 방식으로, 말과 생각으로, 태만함과 범죄함으로 나는 하나님의 거룩한 법을 범했다. 나는 하나님의 의로우신 분노를 받아 마땅한 죄인으로 하나님 앞에 서 있다.

하지만 내가 동일하게 알고 있는 둘째 진리는, 예수 그리스도께서 십자가에서 나를 대신하셨기 때문에 내가 천국에 갈 것이라는 사실이다. 내게는 예수님과 그분의 값없는 선물 외에는 다른 아무 소망도 없다. "값없이 생명수를 받으라"(계 22:17).

chapter 06

"불신지옥이라니, 정말 거슬리는군!"
내가 **지옥을** 믿는 이유

누구든지 생명책에 기록되지 못한 자는 불못에 던져지더라(계 20:15)

내가 왜 지옥을 믿는가! 세상에서 이것처럼 인간 마음에 거슬리는 주제는 없으며, 이보다 더 중요한 주제도 없다.

예수께서는 예루살렘의 멸망을 생각하시면서 눈물을 흘리셨다. 하나님도 이렇게 말씀하셨다. "나는 악인이 죽는 것을 기뻐하지 아니한다"(겔 33:11). 기독교인이라면 회개하지 않은 자들이 최종적으로 거할 곳을 생각할 때 기뻐할 수 없다. 하지만 우리는 예수 그리스도의 신실한 사역자로서 하나님의 모든 계획을 선포해야 한다. 어떠한 죄인에게든 그들이 얼마나 위험한 상황에 있는지를 성경이 경고하는 것처럼 거듭 경고하지 않는다면 나는 거짓 친구일 것이다.

사람들은 자기가 싫어하고 두려워하는 것을 드러내지 않는다. 지옥이라는 문제에 대해서도 진지하게 생각하기는커녕 그 문제를 일깨워 준 사람을 크게 비난하는 사람들이 많다. 학위를 여섯 개 가지고 있는 목사라도 지옥이라는 주제로 설교를 하면 시대를 역행하는 반계몽주의자라고 조롱을 받는다.

나는 불신자들의 주장이 단 한 가지임을 발견했다. 그것은 감정주의로, 자신의 영원한 행복이라는 가장 중요한 문제를 합리적으로 생각해 보는 것에 대해 적개심과 반항심을 분출하는 태도로 표현된다.

지옥이 있음을 증거한다

어떤 이들은 지옥이 없으며, 적어도 지성인이라면 지옥을 믿지 않는다는 착각에 빠져 있다. 이와 같은 생각을 계속하기 전에 프린스턴의 위대한 신학자 핫지(A. A. Hodge)의 말을 생각해 보기 바란다. "구약은 그리스도께서 오시기 수세기 전에 유대인들의 손에 있었다. 유대인들은 모두가 다 성경이 악한 자들은 영원히 고통을 받을 것이라고 가르친다는 것을 이해하고 있었다."

역사가 요세푸스(Josephus)는 그의 시대에 바리새인들도 이렇게 이해했다고 단언한다. 기독교인에겐 20세기 동안 성경이 있었다. 우리는 "모든 위대한 교부들과 종교개혁자들과 역사적 교회들이 성경의 교정본과 번역본에서, 또 모든 위대한 복음주의 신학자들과 성경학자들이 문법책과 사전과 주석과 고전 조직신학에서 일관되게 이해하는 바는, 회개치 않고 죽은 모든 자들이 장차 끝없는 고통을 받을 것이라고 성경이 가르친다는 것이다. 그리고 이것은 인간의 두려움과 동정이라는 보편적이고 충동적인 흐름을 거스르는 것이다"라는 것을 읽을 수 있다.[1]

성경은 불신자들이 영원한 형벌에 들어갈 것이라고 말해 준다. 이것이 합리적이고 바르게 생각하는 사람이라면 하나님이 이 세상과 세상의 도덕적인 정부와 헌법과 자연 속에 하나님을 계시하신 것, 즉 자연신학에 따라서 내릴 결론과 상반되는가? 결코 그렇지 않다!

조셉 스타일즈(Joseph Stiles)는 우리 본성의 법칙 때문에 지옥이 있어야 한다고 말한다. "땅에서 가장 악한 죄인에게 시선을 집중해 보라. 그가 죽어 모든 정욕과 거짓과 증오와 악한 마음을 지닌 채 천국으로 올라가게 된다면 그는 과연 천국에서 행복할 수 있을까?

본성의 법칙에 의하면 행복은 마음과 주체가 일치하는 곳에 존재한다. 본성의 또 다른 법칙에 의하면 고통은 마음과 객체가 대립하는 곳에 존재한다. 악인의 거룩하지 않은 마음은 거룩한 천국에 존재하거나 발생하는 모든 일들에 대해 늘 가장 깊은 혐오감을 느낄 수밖에 없다."[2]

우리 자신의 도덕적 본성 때문에 지옥과 같은 곳이 필요하다. 인간의 양심도 지옥을 요구한다. 선과 악 사이에는 큰 차이가 있으며 이 둘이 도덕적으로 대립한다는 것을 누구나 느낀다. 그리고 우리도 선과 악을 항상 그렇게 취급해 왔다. 우리는 선을 찬성하고 악을 정죄한다. 우리는 선을 장려하기 위해 상을 주고, 악을 억제하기 위해 벌을 준다. 이것은 도덕적인 국가의 정부에 늘 있는 일이다. 사람들은 선이 공동체를 행복으로 인도한다는 것을 알고 있기에 법을 제정해 왔다.

예수 그리스도의 삶과 그분의 성품에서 지옥에 대한 또 다른 논거를 볼 수 있다. 우리를 아픔과 고통에서 구원하기 위해 겸손과 온유로 오신 그리스도께서 성경에 있는 다른 어느 인물보다 지옥에 대해 많이 말씀하셨다. 진리가 성육신하신, 하나님의 거룩한 아들이신 그리스도께서 존재하지도 않는 것에 대한 두려움을 인간의 마음에 심어 주기 위해 오셨겠는가? 그와 같은 생각은 예수 그리스도의 성품에 대한 큰 명예훼손이다.

하나님에 대해 바로 알라

어떤 사람들은 이렇게 말한다. "하지만 하나님은 사랑이시잖아! 하나님은 절대 아무도 지옥에서 벌하지 않으실 거야." 부정확한 전제 위에 교리를 세우는 것은 무척 위험하다. 성경은 하나님이 긍휼이 무한하신 사랑이라고 우리에게 가르친다. 하지만 같은 하나님이 거룩하시고 공평하시며 의로우시다고도 가르친다. 성경은 하나님이 불법을 보지 못하실 정도로 눈이 깨끗하시며, 우리의 죄를 회초리로, 우리의 불법을 채찍으로 갚으실 것이며, 죄인들을 결코 정결케 하지 않으신다고 가르친다.

하나님의 사랑이 성경에 완전하게 나타나기 전에, 히브리 사람들의 마음속에 되풀이해 주입된 위대한 사상은 "거룩하다 거룩하다 거룩하다 만군의 여호와"(사 6:3)라는 것이다. 하나님 보좌의 진정한 기초는 거룩함이었으며, 어떠한 죄든 하나님의 임재 앞에 오기만 하면 하나님의 진노에 반드시 소멸되었다.

이것은 사실이 아니며, 하나님에 관해 우리가 모르는 것을 자신들은 알고 있다고 우리를 설득시키려는 사람들이 있다. 보편구원론자는 하나님이 그분의 사랑 안에서 반드시 모든 사람들을 받아들이셔야 한다고 주장한다. 이 사람들은 전능자에게 뻔뻔하게 다가가서, 사실 하나님도 자신에 대해 완전히 이해하지 못하시며, 진심으로 말하지 않으신 것이 분명하고, 사실은 이 문제에 대해 엄청나게 오해를 하고 계신다고 떠들면서 전능하신 하나님의 약점을 생색내듯 덮어준다. 그들은 하나님에 대해 하나님보다 자기가 더 많이 알고 있다고 생각한다.

이들은 하나님이 스스로 의도하지 않은 것을 말하는 허풍쟁이 바보라고 떠드는 것이다. 창세기에서 요한계시록에 이르기까지 악인들이 자기들의 죄 때문에 죽을 것이며 평안을 찾지 못할 것이라고 일관되게 선언하셨지만 이제는 그러한 생각을 바꾸셨다고 선언하는 신성모독자다. 이들은 성경이 하나님의 길은 우리의 길과 다르며, 그분의 생각은 우리의 생각과 다르다(사 55:8)고, 하나님의 길과 판단은 찾지 못한다(사 55:8)고 말한다는 것을 깨닫지 못한다. 그러면서도 이 신성모독자는 자신 있게 **하나님의 길이 우리의 길이며, 그분의 생각이 우리의 생각이라고**, 자기는 하나님의 길을 완전히 찾았다고 선언한다.

이런 사람들은 "인간아, 네가 나를 너와 같은 줄로 생각하였도다"(시 50:21)라고 말씀하신 하나님의 외침을 자초한다. 거룩하신 하나님께서는 죄를 용인하지 않겠다고 선언하셨다. 회개하지 않은 자들은 매우 어리석게, 그리고 끝나지 않을 결말을 지닌 채 하나님의 앞에 몸을 던지고 있다.

죄의 효력이 영원하면 형벌도 영원하다

이렇게 말하는 이들도 있다. "우리 죄가 끝없는 형벌 같은 것을 받을 정도로 심하지는 않을 것이다." 다시 위대한 신학자인 핫지의 말을 인용해 보자. "우리는 범죄자다. 너무나 분명한 사실은, 모든 범죄자들이 이기심과 도덕적인 맹목과 냉담함 때문에 자기가 저지른 악행이 얼마나 큰 죄인지 전혀 판단할 수 없다는 것이다. 우리는 모든 형법이나 사생활에서 이것을 경험한다. 사람들에게 저지른 흉악한 범죄를 판단하는 경우에도 이것이 사실이라면, 우리는 무한히 거룩하신 하나님께 저지른 흉악한 죄를 판단하지 못할 정도로 너무나 많이 타락했다."[3]

또 다른 저자는 죄의 영향력이 사라지면 우리 죄에 대한 형벌도 반드시 끝난다고 말했다. 그러나 죄의 영향력이 언제까지나 살아 있다면, 언제까지나 그 죄의 영향력에 대해 책임을 져야 한다. 그래서 인간은 시간이 더는 존재하지 않을 때까지, 즉 영원히 자신의 죄에 비례하여 벌을 받을 수밖에 없다.

남녀노소를 불문하고 이 땅의 모든 사람은 사람들이 예수께 모이게 하거나, 널리 흩어버리고 있다는 것을 예수께서는 매우 분명하게 말씀하셨다. 불신자들은 평생 사람들을 예수 그리스도에게서 흩어지게 하면서 보냈기 때문에 그 가운데 많은 사람들이 결국은 지옥에 가는 것에 대해 일부 책임을 져야 한다.

성경은 죄의 효력이 영원하다면 죄에 대한 형벌도 영원하다고 말한다. 우리가 지옥이 있다는 것을 믿는 주된 이유는 예수 그리스도께서 그렇게 말씀하셨기 때문이다. 성경은 죄인들이 "영영히 타는 것"에 거하며(사 33:14) "영원히 빛을 보지 못할 것"(시 49:19)이고, "전멸"하겠지만(시 73:19), "불도 꺼지지 않는다"(막 9:48). 영원히 "죽었다"고(사 26:14), "(그들 안에 있는) 구더기도 죽지 않는다"고(막 9:48), "아무도 건져낼 자가 없는 가운데" 찢긴다고(시 7:2), 불러도 대답을 받지 못한다고, 구하지만 찾지 못한다고 말한다. 한 마디로 죄인들은 기도할 수 있는 범위를 넘어서는 죽음, 용서받을 수 있는 범위를 넘어서는 정죄, 그리스도께 닿을 수 없는 파멸에 빠질 것이다.

영원이란 무엇일까?

구약에서 '영원한'을 뜻하는 데 사용하는 단어는 '올람(olam)'인데, 이 단어와 어원이 같은 단어와 파생어가 있다. 신약에서 올람에 해당하는 헬라어 단어는 '아이온(aion)',

'아이오니스(*aionios*)'이며, 이 단어와 어원이 같은 다양한 단어들은 '항상'이라는 뜻인 '아에이(*aei*)'에서 파생되었다.

어느 저자는 히브리어와 헬라어에서 하나님의 존재의 영원성과 구속함을 받은 사람들이 천국에서 누릴 행복의 영원성을 서술하는 데 사용된 단어가, 잃어버린 자들이 지옥에서 당할 고통의 영원성을 서술하는 데도 똑같이 사용된다고 말한다.[4] 같은 단어가 사용되고 있으므로 만일 악인의 형벌이 일시적이라면, 하나님이 존재하지 않으실 날이 올 것이다. 이 단어들이 영원을 서술하지 않는다면 히브리어나 헬라어에 영원을 뜻하는 단어가 없을 것이다.

우리가 낙원이라는 행복과 지극한 기쁨을 누리며 살게 될지 지옥이라는 마땅한 형벌을 받으며 살게 될지, 우리 영혼의 영원함에 대해 잠시 생각해 보는 것이 좋을 것이다. 영원함은 얼마나 길까? 윌리엄 먼지(William Munsey)는 사람들이 자주 자기 마음에서 밀어내는 **영원**의 의미에 대해 말한 적이 있다.

"영원은 정의내릴 수 없다. 영원은 시작도 없고 끝도 없어서 측정할 수 없으며, 영원의 과거가 늘어날 수 없고 영원의 미래가 줄어들 수 없다. 영원은 과거가 없고 미래가 없으며, 끝이 없고, 중간도 없고, 부분도 없는, 분석할 수 없는 어마어마한 단일체다. 세상의 모든 산이 머리를 내려 누르고 있다고 해도, 그것이 영원에 대한 최소

한의 개념보다 더 무거울 수 없다. …… 영원은 근원이 없고, 시작이 없고, 끝이 없고, 측량할 수 없고, 사라질 수 없고, 묘사할 수 없고, 정의할 수 없다. 영원 그 자체가 영원의 유일한 정의이다. '영원이 무엇이냐?'고 묻는다면 우리는 '영원'이라고 대답할 수 있을 뿐이며, 그렇게 대답하면서 우리는 자신의 약함과 어리석음을 고백하는 것이다."[5] 영원은 결코 측량할 수 없는, 무한한 범위이다.

우리는 지구나 은하계의 둘레를 측량하거나, 우주의 둘레, 즉 세상을 둘러싼 은하계의 무수한 별들을 덮고 있는 황도까지도 측량할 수 있을지 모른다. 먼지는 이렇게 말한다. "아폴로의 태양 차를 타라. 그리고 운전자 옆 자리에 앉아서 황도의 끝을 찾아보라. 불타는 채찍으로 채찍질을 하고서, 불타는 갈기가 있고, 발에 날개가 있는 말들이 별자리들 사이로 돌진하는 것을, 궤도 바깥쪽에 있는 세계와 아래에 입을 딱 벌리고 있는 우주의 무저갱을 감탄하면서 보라. 그러고는 차바퀴가 산산이 부서지고, 차축이 멈추고, 지나치게 달린 말들이 죽고, 아무 천사도 당신의 뼈를 찾을 수 없는 곳에서 길을 잃을 때까지 계속 달려 보라. 그래도 하늘의 끝을 찾을 수 없을 것이다. 하지만 그 궤도는 유한하다."[6]

영원은 무한한 궤도다. 무한하기 때문에 영원의 중심은, 전혀 헤아릴 수 없고 놀라운 '지금'이다. '지금'도 하나의 무한한 원이고,

그 무한한 원의 중심은 그 원의 내부 어디에나 있다. 이것은 마음을 깜짝 놀라게 하는데, 그 원은 원주가 없으며 그 중심은 어디에나 있기 때문이다.

먼지는 이렇게 말한다. "영원은 무한한 직선이다. 광대한 하늘을 헤치며 나아가는 가장 힘센 날개를 지닌 천사가 그 선을 따라갈 수는 있겠지만, 그 천사는 하나님의 요람이나 무덤을 발견할 수 없는 것처럼 그 선의 끝을 찾을 수 없다…… 영원은 아침이 없는 낮이며 저녁이 없는 낮이고 영원한 정오다. 세상이 만들어진 때가 바로 정오이며, 세상이 멸망할 때에도 정오일 것이다. 영원은 끝없이 한낮이다. 오, 영원이여! 영원이라는 개념은 혼란에 빠지고 깨어진 인간의 마음이 무한히 작은 것으로 줄어들 때까지 깊어지고 넓어지고 높아진다."[7]

끝없이, 언제까지나. 당신이 지옥에 천억 년 동안 있어도 그곳에 있어야 할 시간이 일초도 줄어들지 않을 것이며, 영원히 길을 잃을 것이다. 당신은 완벽한 어둠 속에서, 함께 이야기할 사람 없이, 그 길에서 아무 천사와도 마주치지 못하면서, 이쪽저쪽으로 방향을 돌리면서, 모든 길에서 오르내리면서, 끝없이, 언제까지나 다른 이쪽저쪽으로 도망쳐 다닐 것이다. 길 잃고, 길 잃고, 비명을 지르면서, 당신의 비참함을 메아리조차 조롱하지 않을 곳에서 끝없이, 길

잃을 것이다. 불멸하는 영혼은 한없는 어둠 속에서 길을 잃고 계속해서 날아다니면서 오직 하나님의 묘비 앞에서 날개를 접을 수 있을 때에야 끝날 여행을 영원히 할 것이다.

영원한 고통

당신은 어디에서 영원한 시간을 보내겠는가? 지옥의 존재를 성경이 수천 곳에서 단언하고 예수께서 지옥의 존재가 사실이라고 분명하게 증언하셨지만, 여전히 믿지 않는 사람들이 있다.

나는 지옥에 다녀온 사람의 증언을 들은 적이 있다. 그는 지금 살아 있으며, 그의 증언은 테이프에 녹음되었다. 그는 내게 그 증언을 내가 원하는 대로 사용해도 된다고 했다. 그는 자신이 무신론자였다고 했다. 영도, 혼도, 천사도, 하나님도 믿지 않았다. 천국과 지옥도 믿지 않았다. 그는 "죽으면 개처럼 죽어 있을 거라고 생각했습니다" 하고 말했다.

그러던 그가 잘 깨우칠 수 있는 방식으로 천국과 지옥과 하나님을 믿게 되었다. 그는 죽었다! 얼마 전에 그는 심장마비를 겪었고, 의사들에게 임상적으로 사망했다는 선고를 받았다. (수많은 과학자들이 임상적으로 사망했다가 소생한 사람들을 5백 명 넘게 보고했다. 그것에 어떠한 의미가 있는지 우리는 잘 알지 못하지만 그들이 다시 살아났다는 보고는 과학자들로 하여금 죽음 이후에 삶이 있다는 것을 확신하게 했다.) 나중에 그는 살아나서 자기가 '죽어 있던' 동안에 겪은 일을 내게 이야기해 주었다. 그는 어둠의 왕국으로 가라앉았는데 여전히 그에게는 몸이 있었다. 그는 엄청난 고통을 느끼며 구덩이 속에 거대한 바위를 밀어 넣고 있었다. 매우 고통스러웠지만, 그 고통을 줄이기 위해 할 수 있는 일은 아무것도 없었다.

"팔에 총을 맞았다면 적어도 팔을 꼭 잡으면 조금이라도 고통이 줄어들 수 있지만, 거기에서는 그럴 수 없었습니다."

내가 물었다. "어디가 아팠지요? 국부적인 통증이었나요?"

"아니요, 모든 곳이 아팠습니다. 제 목을 자르더라도 그 고통이 전혀 줄어들지 않았을 거라고 확신합니다."

그 고통이 얼마나 심했는지를 묻자 그는 대답했다. "제가 이 세상에서 경험한 그 어떠한 고통보다 심했습니다."

나는 그 사람이 아마도 그다지 심한 고통을 경험한 적이 없을 것이라고 생각했다. 그래서 물었다. "이 세상에서 심한 고통을 실제로 겪은 적이 있습니까?"

"9살 때 화물열차가 다리 위로 지나가서 다리가 힘줄 하나로 달려 있었지요. 저는 그 다리를 건널목까지 질질 끌고 갔고, 지나가던 사람이 저를 차에 태웠습니다. 병원까지 가는 동안 제 피가 자동차 앞 유리로 뿜어져 나왔지만 의식을 잃지는 않았습니다."

"그 고통이 의사가 당신이 죽었다고 말했을 때 겪은 고통과 비교하면 어떻습니까?"

"그건 아무것도 아니지요. 비교도 할 수 없습니다."

내가 그에게 말했다. "제가 한 번은 손에 다소 심한 화상을 입었는데 그 전에도 후에도 그렇게 고통스러운 경험은 없었습니다. 당신도 화상을 입은 적이 있습니까?"

그는 "네, 선반에 있던 석유 한 통을 제 다리 위에 있던 촛불에 떨어뜨려서 남은 다리 하나에 불이 붙었습니다. 그 결과 저는 병원에서 몇 주를 보냈지요" 하고 말했다. 그리고 바지자락을 들어 그 흉터를 보여 주었다.

내가 말했다. "제가 아는 것 중에 이 세상에서 화상의 고통과 비교할 수 있는 것이 전혀 없습니다. 화상의 고통을 죽었을 때 경험한 고통과 비교하면 어떻습니까?"

"다리에 불이 붙었을 때보다 수천 배 더 심한 고통이지요! 그 고통을 제가 알고 있던 모든 방법으로 설명해 보려고 했지만 모든 방법이 무색해 졌습니다. 저는 전에는 지옥을 믿지 않았고, 믿고 싶지도 않았습니다. 이 땅에서는 결코 제가 경험한 그 고통을 경험할 수 없을 겁니다."

내가 물었다. "지금은 그 고통이 어떠한 것이라고 생각합니까?"

"아, 그 고통은 틀림없이 이 세상에 없는 것이라고 생각합니다. 그 고통이 있다고 생각할 수 있는 유일한 곳은 지옥밖에 없습니다. 제가 바로 그곳에 있었습니다." 그는 병원에서 퇴원한 후에도 그것을 생각할 때 몸이 주체할 수 없이 떨린다고 말했다.

지옥은 실제로 있다! 이 글을 읽는 어떤 이들이 믿는 것처럼 그도 지옥이 절대로 존재하지 않는다고 믿었다. 그는 지옥은 일종의 신화라고 믿었다. 그는 그리스도를 믿지 않았다. 하나님을 믿지 않았으며, 성경을 믿지 않았다. 하지만 그는 죽었었고, 이제는 믿는다. 비극적이지만 지옥을 경험할 때에야 지옥을 믿는 사람들이 있다. 그때는 너무나 늦은 때이다.

성경이 가르치는 것은 영원히 너무 늦는 것이 있다는 것이다. 영원히 너무 늦는 때가, 은혜의 문이 영원히 쾅 하고 닫히는 순간이 온다는 것이다. 그때 죄인은 회개하고 예수 그리스도께 돌아올 시간을 1분만 준다면 온 세상이라도 내어놓겠다고 할 것이다.

진노를 막는 유일한 선택, 십자가

나는 예수 그리스도께서 지옥이 있다고 가르치셨을 뿐 아니라 직접 경험하셨기 때문에 지옥의 존재를 믿는다. 성경에서는 갈보리의 십자가 위에서 그리스도께서 세상의 죄를 지셨다고 말한다. 그는 우리를 위해 죄가 되셨고, 우리의 죄가 그분께 전가되었다. 하나님 아버지께서는 영원히 사랑하시던 아들을, 매우 기뻐하신 아들을 멸시하셨다. 그분을 세상의 모든 죄를 지고 가는 하나님의 어린 양으로 보셨다. 그리고 하나님은 그분의 진노가 담긴 큰 솥을 그 죄 자체에 쏟아 부으셨다. 그 진노가 "나의 하나님, 나의 하나님, 어찌하여 나를 버리셨나이까" 하고 외치신 예수 그리스도에게 남김없이 쏟아졌다. 그런 후에 예수 그리스도께서는 지옥으로 내려가셨다.

정오의 어둠 속에서 그리스도께서는 우리의 자리인 십자가 위에서 무한한 형벌을 당하셨다. 그리스도께서 말씀하셨다. "다 이루었다. 다 갚았다." 그리스도를 믿는 사람들은 그리스도께서 죄의 값을, 그 값이 죽음일지라도 다 갚으셨다는 그분의 말을 들을 수 있다. 그리고 그분을 믿는 사람들은 결코 멸망치 않으리라는 그분의 말씀을 소유한다. 성경의 진리는 하나님의 화와 진노가 언젠가는 우리의 죄 위에 떨어진다는 것이다.

유일한 질문은 이것이다. 그것이 지옥에서 우리 위에 떨어질 것인가? 아니면 십자가 위의 예수 그리스도 위에 떨어질 것인가? 선택은 우리 몫이다. 우리는 어디에서든 영원히 살 것이기 때문이다!

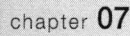

chapter 07

"절대적인 진리 따위는 없어!"
내가 도덕적 절대 원칙을 믿는 이유

악을 선하다 하며 선을 악하다 하며 흑암으로 광명을 삼으며 광명으로 흑암을 삼으며
쓴 것으로 단 것을 삼으며 단 것으로 쓴 것을 삼는 자들은 화 있을진저(사 5:20).

얼핏 보아도 이 시대의 도덕적인 기준이 엄청나게 타락하고 붕괴하고 있다는 것이 드러난다. 어디에나 그 증거가 있다. 많은 예민한 관찰자들은 이 일과 관련해서 무언가 조치를 취하지 않는다면 우리 문명에 아무 소망이 없다고 믿는다.

존 듀이(John Dewey)와 다른 자연주의자들이 교육 제도에 도입한, 삶과 도덕 윤리의 분리는 우리 세계에 고통을 초래했다. 시카고 대학교 사회사상 위원회의 교수인 앨런 블룸(Allen Bloom) 박사는 〈미국 정신의 종말 The Closing of the American Mind〉이라는 기념비적인 저서의 서문을 이렇게 시작한다. "교수들이 절대적으로 확신할 수 있는 것이 하나 있다. 대학교에 입학한 학생들 대부분은 진리가 상대적이거나 또는 자신이 그렇게 믿는다고 말한다는 것이다."

사실이다. 미국의 모든 고등학생들이 절대적인 것은 없으며, 진리는 상대적이라고 배워 왔다. 마크 트웨인(Mark Twain)은 대부분 사람들의 문제는 자신이 무엇을 알지 못하느냐가 아니라, 무엇이 확실하게 진리가 아닌지를 알고 있느냐 하는 것이라고 말했다.

수업 시간에 "여러분은 아무것도 확신할 수 없습니다"라고 말한 어느 교사의 이야기를 들은 적이 있을 것이다.

한 학생이 물었다. "선생님, 그것을 확신하십니까?"

교사가 대답했다. "확신합니다."

절대 원칙이 없다고 말하는 세상

절대 원칙이 없다고 말하는 것은, 하나님이 없다고 말하는 것이다. 하나님은 궁극적인 절대 원칙이시며, 그분이 말씀하시는 것은 궁극적이고 절대적으로 진리이기 때문이다. 그리고 절대 원칙이 없다고 하는 데에 바로 현대의 도덕적 진퇴양난이 있다. 인간이 타락이라는 수렁 속으로 빠져 들어갈수록 상황은 점점 악화되고 있다.

우리 시대의 예리한 지성 중 한 명인 칼 헨리(Carl F. H. Henry) 박사는 이렇게 단언한다. "고통을 알려 주는 신호탄이 인간 행동의 모든 영역에서 선명하게 나타난다. 이교 신앙의 소생을 막으려는 기독교의 오랜 방어벽이 죄악의 맹공격 앞에서 약화되고 있다. 강력한 세력들이 기독교를 변질시키고 불신하게 하며 심지어 그 자리에 들어가려고까지 하고 있다. 그 결과 기독교인의 신실함은 점점 더 현대인의 행동을 방어할 힘을 잃어가고 있으며, 거의 모든 곳에서 도덕적인 열정이 기독교와 이교도의 교차로에서 머뭇거리며 서 있다. 지난 10년 동안 소돔의 단골손님들(음란함과 비도덕적인 사상)이 세계의 '문명화되지' 않은 반쪽에 들어간 것만큼이나 '문명화된' 세계로 돌아들어 왔다.[1]

최근에 나는 비행기를 타고 가면서 〈뉴스위크Newsweek〉한 호를 집중해서 읽고 있었다. 표지기사는 미국의 도덕 상황, 특히 급증하는 노골적인 음란물의 범람에 초점을 맞추었다. 수년간 내 사무실에 방문한 사람 가운데 상당수가 이런 말로 이야기를 시작했다. "제 얘기에 충격을 받으실 겁니다." 나는 항상 미미한 미소를 지으면서 그들이 나에게 무슨 말을 하든지 그보다 열 배는 더 심한 것을 들은 적이 있다고, 그 사무실 안에서 누군가 충격을 받는다고 해도 나는 아닐 거라고 생각했다. 나는 내가 충격을 잘 받지 않는 사람이라고 생각했다. 그런데 그 잡지를 읽으면서 내가 충격을 받았다.

지난 수십 년에 걸쳐서 미국의 도덕기준이 놀랄 만큼 저하되었다. 예전에는 미혼인 사람들의 성행위가 일어나도 충격적인 것으로 여겨졌지만, 이제는 간음이 잡지와 영화, 아침 저녁의 텔레비전 연속극의 흔한 주제가 되었다. 동성애가 무대 배경을 차지하고, 심지어 최근에는 수간에 대한 집착이 동성애의 자리를 위협하고 있다.

내가 정말로 충격을 받은 문제는 노골적인 음란잡지들이 점점 더 인기를 끌고 있다는 것이다. 많은 음란잡지들이 예닐곱 살밖에 되지 않은 어린 소년소녀들의 이성 혹은 동성끼리의 성행위를 보여 주고 있다. 도덕적인 마비가 미국을 사로잡은 것이다!

헨리 박사는 현재 서구 문화의 붕괴는 도덕의 요구들을 조화시키는 능력이 부족하기 때문이라고 말한다. 각자 자기의 주장이 옳다고 단언하며 웅얼거리는 목소리들 속에서 현대인은 어떠한 도덕적 요구가 진리인지 확신하지 못한다.

결과적으로 현대인은 어떠한 측면에서도 '해야 할 일'을 명확하고 체계적으로 말할 수 없는 듯 보인다. 우리는 다양한 윤리 도덕적 체계에 지속적으로 노출되는데, 불행히도 이러한 체계들이 무엇인지를 분명하게 이해하는 사람은 거의 없다. 또 그러한 체계들 때문에 혼란스러워진 사람들은 그 체계들에 어떻게 대응해야 할지 모른다.

최근에 나는 한 토크쇼에서 어떤 남자가 자신의 동성애를 변호하는 것을 들은 적이 있다. 그 남자는 자신을 변호하면서 전반적인 도덕 체계를 말하고 있었다. 나는 그 말을 듣는 사람들 가운데 그가 말하는 기본적인 윤리의 토대나 체계의 오류를 파악한 사람이 얼마나 될까 생각했다. 그 남자가 정말로 설득력 있는 사례를 제시했기 때문에 그 쇼의 사회자는 그것을 감당해 내지 못하는 것 같았다.

우리는 모든 텔레비전 프로그램, 모든 뉴스, 모든 잡지, 모든 소설, 모든 영화가 다양한 윤리 체계에서 나온 일정한 윤리적 전제를 기본으로 하고 있다는 것을 잊지 말아야 한다. 불행히도 (이것이 나를 짜증나게 하는데) 많은 기독교인들이 그것에 대해 배우기 위해 머리를 귀찮게 하려고 하지 않으며, 그 결과 거짓 윤리적 토대를 기본으로 하는 부도덕의 물결이 밀려와도 전혀 대처할 수 없다. 우리가 하는 일들은 모두 일정한 윤리적, 도덕적 사고를 기초로 하고 있다. 나는 사람들 대부분이 자기가 진정 어떻게 되어 가고 있는지에 대한 개념이 불분명한 채 살아가고 있는 것이 걱정된다.

두 가지 윤리 체계

윤리의 전반적인 문제를 한번 살펴보자.

우선 윤리 체계는 크게 둘로 나뉜다는 것을 아는 것이 중요하다. 한 가지 윤리 체계는 계시를 기초로 하는 것으로 하나님께서 구약과 신약 성경에서 계시하신 윤리 체계이다. 이 윤리 체계는 하나님이 주신 것이며, 신학의 표현으로는 하나님이 다스리시는 것이며, 하나님의 법이다.

요한복음 17장 17절은 "아버지의 말씀은 진리니이다"라고 말한다. 마태복음 5장 18절에서 그리스도께서는 "천지가 없어지기 전에는 율법의 일점일획도 결코 없어지지 아니하고 다 이루리라"고 말씀하셨다. 성경은 그 진리가 하나님이 계시하신 것이며, 그러므로 절대적인 진리라고 선언한다.

다른 주요 윤리 체계는 사변 윤리라고 불리는, 인간이 고안해 낸 완전히 다른 윤리 체계이다. 그것은 본질상 인간적이며 자율적이다. 성경의 윤리 체계가 위에서 온 것이라면 사변 윤리는 아래에서 나왔다.

사람들은 모든 것이 항상 변한다고 말할 것이며, 그것은 분명히 사실이다. 10년 전에는 진리이던 것이 오늘날에는 진리가 아닐 수 있다. 이것이 사람들의 도덕관에서는 사실이지만, 하나님과 계시 윤리는 그렇지 않다.

하나님은 변하실 수 없으며, 변함이 없으시다. 하나님의 진리는 변하지 않는다. 세상에 있는 모든 사람들이 손을 잡고서 하나님의 진리가 거짓이라고 투표를 한다고 해도, 여전히 하나님의 진리는 진리이다. 내가 믿든지 안 믿든지 하나님의 진리는 여전히 진리이다. 당신이 받아들이든 거부하든 그것 때문에 하나님의 진리가 실제로 존재하며 결코 변하지 않는다는 사실이 바뀌지 않는다.

많은 대학생들이 철학을 공부하는 과정에서 윤리학이라는 철학 분야에 들어간다. 대학생들은 대부분의 경우에 계시 윤리가 완전히 무시당하고 사변적인 인간 윤리가 강의 영역을 전부 차지해 버린 것을 발견할 것이다.

인간이 고안한 사변적 윤리 체계

이 거듭나지 않은 세상이, 그리고 불행히도 너무나 많은 기독교인들이 모르는 채 시행하고 있는 이 윤리 체계를 살펴보자.

윤리학의 사변적인 영역에는 넓게 나누어 두 부류가 있다. 첫째 부류는, 인간은 전적으로 물질이라는 전제에서 출발하는 자연주의다. 인간은 복잡한 동물이며 인간이 행복하려면 자신이 존재하는 물리적 세계에 어느 정도 적응을 해야 한다. 모든 종류의 윤리 체계가 이 개념에서 싹튼다.

둘째 부류는 관념주의다. 관념주의는 기본적이고 비물질적인 실재, 영적인 실재, 정신적인 실재, 이성적인 실재가 있다는 완전히 다른 전제에서 출발한다. 즉, 근본적이고 물질보다 먼저 존재했으며 물질보다 훨씬 더 중요한 실재가 있다는 것이다. 이러한 관념주의를 기초로 해서 모든 범신론 체계뿐 아니라 플라톤과 소크라테스와 같은 이들이 주장한 많은 이성주의 체계가 전개되어 나왔다.

자연주의와 관념주의에서 다양한 윤리 체계가 나왔다. 무엇인가가 잘 돌아간다면 그것이 선(善)이라는 원리에서 움직이는 실용주의가 그 중 하나다. 이 체계에는 도덕적 기반이 전혀 없다. 히틀러는 유럽에서 모든 유대인들을 없애는 데 성공하고 있었다. 그 체계가 아주 잘 돌아가고 있었을 때에는, 겉으로 보이는 성공이 그것이 도덕적으로 옳다는 것을 보증하였을 것이다. 은행 강도가 성공할 수 있지만, 그 성공이 은행 강도질이 선하다는 것을 증명해 주지는 않는다. 사업가가 자신의 사업에서 엄청나게 성공할 수 있지만, 성공이라는 사실이 그가 하고 있는 일이 선하다는 것을 의미하지는 않는다.

다른 체계는 이기주의(egoism)인데, 이것은 자아(ego)라는 단어에서 유래한 것으로 "나는 내게 유익한 것을 추구할 것이다"라는 뜻이다. 이타주의 체계는 "우리는 다른 이들에게 유익한 것을 추구해야 한다"고 말한다. 그래서 우리는 개인주의가 이기주의를 기반으로 한다는 것을 알 수 있다.

다른 체계들 중에서 공산주의와 사회주의는 국가를 위하는 것이 인간의 선이라는 개념을 기반으로 하며, 이 두 체계는 개인보다는 사회에 관심을 둔다.

수많은 다른 체계들이 자연주의와 관념주의라는 기본적인 토대에서 생겨났다. 이 모든 체계들에는 일정한 갈등이나, 각 체계가 맞서 싸우는 반대되는 극단이 있다. 이 체계들은 모두 불완전하며 불충분하다는 점에서 비슷하다. 성경적인 체계처럼 인간과 사회의 기본적인 필요를 모두 다루는 종합적인 체계는 하나도 없다.

많은 체계들에 종교와 윤리 사이의 갈등이 담겨 있다. 삶에 대해 종교적으로 다양하게 접근한 사람들이 있었는데, 그들은 삶의 윤리적인 측면을 무시하고 영적인 것에만 초점을 맞추었다. 다른 한편으로는 종교적인 측면은 무시하고 삶의 윤리적인 측면만 강조하는 사람들도 있었다. 양쪽 모두 자기들에게 어느 정도 윤리적인 체계가 있다고 믿었지만, 모두 한쪽에 치우쳤을 뿐이다.

불행하게도 너무나 많은 사람들이 한 번도 비판적으로 분석하지 않은, 불분명하며 정교하지 않은 윤리 체계 아래에서 움직이고 있다. 비판적으로 분석해 보면 그 윤리 체계들 대부분은 어떠한 이교 신앙 체계의 어설픈 형태이거나, 기독교 체계에서 나온 아주 작은 한 부분이라는 것이 드러난다. 더 나아가 그저 어떤 '체계'가 이해할 수 있을 정도로 간단하기 때문에 자동적으로 하나님이 승인하신다는 그릇된 생각이 이 혼란을 더 악화시키는 듯하다.

인간들 사이의 관계를 다루는 둘째 돌판의 율법을 지키려고 노력하면 인간과 하나님 사이의 관계를 다루는 첫째 돌판은 무시할 수 있다거나, 첫째 돌판의 율법을 지키려고 하면 둘째 돌판의 율법은 무시할 수 있다고 생각하는 사람들을 많이 보았다. 아내에게 정직하고 정조를 지키며 자녀들에게 상냥하게 하기 때문에 하나님과 자신의 관계도 어느 정도는 괜찮다고 생각하는 사람들도 보았다. 불행히도 이들은 자기가 지키려고 노력하고 싶은 계명을 골라잡고 나머지는 무시해 버리는 카페테리아식 도덕관을 가지고 있다.

이런 식의 윤리 체계를 갖고 있는 사람을 본 적이 있을 것이다. "내 인생의 신조는 '결코 아무에게도 고의로 해를 끼치지 않는다'입니다." 혹은 이런 말도 들어본 적이 있을 것이다. "나는 아무에게도 심각한 해를 끼친 적이 없기 때문에 하나님과의 관계도 괜찮다고 확신합니다." 얼마나 어리석은 말인지 모른다.

첫 번째 진술에는 하나님을 생각하려는 의도가 전혀 담겨 있지 않다. 두 번째 진술은 우리가 하나님을 경배해야 하며, 하나님에 대해 배워야 하고, 하나님을 섬겨야 한다는 사실을 완전히 무시한다. 이러한 일들을 하나도 행하지 않는 사람은 하나님의 법에서 가장 중요한 부분을 빠뜨린 사람이다.

수많은 윤리 체계가 인간의 자유 의지라는 자유주의 개념을 강조한다. 사람은 자유 의지를 기반으로 모든 윤리적 결정을 내린다는 것이다. 반면에 결정론과 필연을 강조해서 인간은 자유롭지 않으며 외부의 힘의 지배를 받는다고 주장하는 사람들도 있었다. 운명론은 비인격적인 운명이 우리 삶을 다스린다고 말한다. 당신은 "그건 옛날 말이죠. 사람들이 정말 운명을 믿나요?"라고 말할 것이다. 그렇다. 달이 밀물과 썰물을 다스리듯 하늘에 있는 어떠한 힘이 자신들의 삶을 다스리고 있다고 확신하기 때문에 점성술사에게 물어보는 사람이 수백만 명에 달한다.

오늘날 가장 인기 있는 심리학인 행동주의 심리학은 완전히 결정론적이다. 인간은 자신이 먹는 것에 의해, 자신에게 영향을 미치는 모든 것에 의해 결정된다는 것이다. 인간의 물리적인 육신뿐 아니라 생각과 도덕도 환경이 결정한다는 말이다. 그러므로 환경을 바꾸면 사람이 바뀔 것이라고 한다. 이러한 결정론 체계는 너무 널리 퍼져 있어서 오늘날 우리 사회에서 결정론에 따라 생각하는 사람들이 대다수다.

사람들 대부분은 자기가 어떠한 종류의 체계에 따라 살고 있는지, 혹은 사람들이 왜 그렇게 주장을 하는지 깨닫지도 못하고 있다. 예를 들어, 슬럼가를 없애서 사람들이 좋은 쪽으로 변하게 해야 한다는 주장이 있다. 그러나 최근의 연구들은 사람이 살아가는 생활 방식에서 환경이 결정적으로 중요한 요소가 아님을 보여 준다.

최종 결과? 동기?

또 목적론적 윤리 체계와 비목적론적 윤리 체계간의 갈등이 있다. 목적론(teleology)과 비목적론(ateleology)은 '끝'을 뜻하는 텔로스(telos)라는 헬라어에서 유래했다. 목적론은 최종 결과, 즉 끝에 대한 연구와 관련이 있다. 비목적론(ateleology)에 있는 접두사 'a'는 '~에 없는, ~에서 떨어진'이라는 뜻이므로, 비목적론에는 끝을 염두에 두지 않는다는 뜻이 담겨 있다.

목적론적 윤리 체계는 자기 행동의 최종 결과가 무엇이냐 하는 것이 윤리에서 가장 중요하고 결정적인 요소라고 주장한다. 이러한 견해를 받아들이는 사람들은 어떠한 행동이 도덕적인지 비도덕적인지는 그 행동의 결과만 고려하면 된다는 듯이 행동한다. 이 견해는 공리주의의 기초를 제공하는데, 공리주의는 최대 다수의 최대 행복이 우리의 목적이 되어야 하며, 어떤 것이 선인지 아닌지는 그 결과가 결정한다고 주장한다.

아주 그럴싸하게 들리지만 이 주장에는 문제가 하나 있다. 그 결과가 선인지 아닌지를 어떻게 계산할 수 있는가? 예를 들어 누군가에게 책을 한 권 선물했다고 하자. 그 최종 결과가 어떨지 아는가?

매우 신실한 기독교인 한 명이 신학교 졸업생에게 라이얼(Lyell)이 쓴 〈지질학 원리*The Principle of Geology*〉를 주었다. 그 책을 받은 사람은 바로 찰스 다윈이었다. 그 결과는 진화론이 세계의 대학들을 지배하게 된 것이다. 그 모든 일은 이제 막 세계적인 항해를 떠나려고 하는 한 남자에게 누군가 책을 한 권 주었을 때 시작되었다.

우리 가운데 누구도 행동의 결과를 계산할 수 없다. 우리가 자녀들에게 어떠한 행동을 했을 때, 우리는 그 행동 때문에 앞으로 삼, 사대 후에 어떠한 일이 일어날지 알지 못한다. 이런 이유로 목적론적 윤리는 언제나 실패한다. 목적론적 윤리의 두 가지 예가 사회주의와 공산주의이다.

이기주의 윤리의 한 형태는 이렇게 말한다. "중요한 것은 어떤 행동이 내게 즐거움을 줄 것인지를 생각하는 것이다." 쾌락주의는 인생의 목표는 즐거움이라는 이러한 개념에 적합한 이름이다. 이기적 쾌락주의는 자기에게 즐거움을 가져다 줄 것을 추구해야 한다는 개념이다. 아이스크림은 얹은 파이 한 조각을 먹는다면 그것이 즐거움을 줄까, 고통을 줄까? 누군가와 간음을 저지르는 것을 생각한다면 그것이 즐거움을 줄까, 고통을 줄까? 다음 몇 세대에 걸쳐서 어떠한 일이 일어날까? 모든 행동은 영원한 파문을 일으키므로 누구든지 목적론적 윤리를 토대로 해서 도덕 원리를 세우는 것은 불가능하다.

비목적론적 윤리는 끝이 아니라 시작, 즉 동기를 강조한다. 중요한 건 단 하나, 동기가 옳아야 한다는 것이다. 우리는 "진실하다면, 그것으로 옳다. 진실하다면 어떠한 종교를 받아들이든지 상관없다"는 말을 많이 듣는다. 어떤 어머니가 새벽 3시에 온전히 진실한 마음으로 아이에게 기침감기약을 주었는데, 다음날 아침에 아이에게 먹인 약이 살균소독약이었으며, 아이가 죽었다는 것을 알았다. 그 어머니는 진실했으나, 사람들은 진실하면서 그릇될 수 있다.

현대에 널리 퍼진 '신(新) 도덕' 혹은 '상황윤리'라는 윤리 체계의 기초는 "중요한 문제는 우리의 동기가 사랑이어야 한다"라는 것이다. 이 말은 그럴듯하게 들린다. 그러면 이런 주장을 하는 사람들의 책에 있는 사례를 하나 읽어 보자.

한 가난한 젊은 여자가 있다. 그 여자는 남자 친구도 없으며, 감정적으로 완전히 얽매여 있다. 이제 누군가 이 젊은 여자와 정사를 한다면 그것으로 이 여자는 자유로워지고 모든 억압에서 해방되며, 새로운 삶을 시작하게 될 것이다.

이렇게 된다면 사랑이라는 동기 아래에서 하나님의 계명 가운데 하나를 범하게 된다. 우리는 비목적론적 윤리나 목적론적 윤리 모두 그 자체로 언제나 실패한다는 것을 볼 수 있다.

가치 결정의 권위가 사람에게 있다면?

상대주의 윤리에 동반되는 것이 주관주의이다. 이제 우리는 도덕에 대해 말하지 않고, 니체가 말한 '가치'에 대해 말해 보자. 가치는 단순히 누군가가 어떠한 가치의 자리에 놓기로 한 것들을 가리킨다. 어찌된 일인지 우리는 무엇이 자신에게 유익하거나 해로운지, 무엇이 가치가 있으며 무엇이 가치가 없는지 결정하는 권위가 모든 사람들에게 있다고 믿는 지경에 이르렀다.

물론 그에 따른 귀결은 아무도 다른 사람에게 자신의 가치를 강요할 수 없다는 것이다. 단순히 가치에 대해서만 말한다면 그것은 절대적으로 옳으며, 우리가 쉽게 받아들여 온 것이다. 그러나 하나님의 법은 모든 피조물에 적용된다. 하나님이 창조주이시며, 하나님은 그분의 법을 예외 없이 모든 것에 적용하시기 때문이다.

또 다른 귀결은 우리의 가치와 도덕관이 하나님에게서 온 것이 아니며, 우리에게 영향을 미치는 다른 근원에서 나왔는데, 그 근원이 문화라는 것이다. 그래서 이런 가치들과 도덕들은 상대주의적이고 개인주의적이며 주관주의적이고 문화적으로 도출된 것이다. 20세기 초반에 전 세계는 이러한 견해를 대학교에서 가르치고 받아들였다. 그러나 그 한계를 경험했을 때 문화 상대주의도 허용할 수 없는 것임이 드러났다.

제2차 세계대전이 끝난 후 누렘베르크 재판이 진행되면서 나치의 지도자들이 법정에 소환되어, 유대인을 비롯한 수백만 명을 살해한 것을 비롯해 온갖 종류의 범죄 행위로 기소 당했다. 그들은 무엇이라고 변론했을까? 그들의 변론은 아주 명확했다.

독일의 대법원은 유대인들을 비인격체라고 선언했었다. 그래서 기소된 나치 지도자들은 이렇게 말했다. "우리는 아무 잘못이 없다. 우리 자신의 문화에 따라, 우리 자신의 도덕관에 따라, 우리 자신의 법에 따라 행동했다. 우리는 유대인들을 죽일 수 있다고 들었다. 당신들은 누구인데 다른 문화, 다른 사회에서 와서는 당신들의 도덕관을 우리에게 강요하는가?"

연합국측 변호사들은 궁지에 빠졌다. 그들은 무슨 말을 해야 할지 몰랐다. 절대 원칙이 없고 모든 것이 상대주의적이며, 모든 것이 문화에서 도출된 것이라서 우리 문화를 다른 문화의 사람에게 강요할 권한이 없다면, 나치가 수백만 명을 죽인 것을 어떻게 감히 잘못이라고 말하겠는가?

변호사들은 완전히 당황해서 잠시 작전회의를 한 다음 결국 물러서기로 결정했다. 하나님의 도덕법으로 물러설 생각은 없었으므로, 그들은 수세기에 걸쳐 견지되었던 '자연법'으로 물러섰다. 덜 명확하고 모호했지만, 그래도 자연법에는 어느 정도 도덕적인 내용이 담겨 있다. 변호사들은 자연법에 호소했고, 나치당원들은 자연법을 근거로 해서 유죄판결을 받았다.

윤리 체계에 대한 경고

오늘날 널리 퍼진 몇 가지 윤리 체계를 짧게 요약했다. 이제 나는 각 체계들에 대해 세 가지를 기억하라고 경고하고 싶다.

첫째, 모든 사변적인 윤리 체계들은 말 그대로 정말 사변적이다. 사변 윤리는 추측일 뿐이다. 이성주의적이다. 이 체계들은 계시를 거부하고 자기들을 지지할 모든 무게를 단순히 인간의 마음이라는 개념에 얹어놓는다. 그래서 그 체계들의 한계가 단번에 명확해진다. 우리는 '절대적인' 세상에 살고 있기 때문에 상대적으로 삶을 살아가지 않는다. 차에 앉아서 기차가 지나가기를 기다리고 있고 기차가 선로를 따라서 시속 100킬로미터로 오고 있다고 하자. 만약 그 기차 정면을 향해 차를 운전해 간다면 차에 있는 사람은 '상대적'으로 죽지 않는다. '절대적'으로 죽을 것이다. 이런 생각에 따라 살아가려고 한다면 계속 혼란스러워질 것이다.

둘째, 이 체계들에서는 모두 인간 중심적이며, 인간이 스스로의 신이 된다. 이 윤리 체계들에서 인간이 무엇을 할지 결정하는 것은 바로 인간 자신이다. 하나님이 인간의 세계에서 쫓겨나시고, 창조주가 피조물에게 무엇을 하라고 명령할 권리가 없다. 인간이 자기 자신에게, 즉 자율적인 인간에게 일종의 법이 된다.

셋째, 모든 인간적인 윤리 체계는 전능하신 하나님에 대한 고의적인 반역이다. 이 체계들은 인간이 하나님과 그분이 주신 율법의 다스림을 받지 않고 살아가면서도, 자신을 윤리적이고 도덕적인 존재라고 정당화하게 만든다. 성경에는 완벽하게 균형이 잡혀 인간 마음에 있는 모든 필요를 만족시킬 윤리 체계가 있다. 무엇보다도 성경은 인간의 동기를 다룬다. 예수 그리스도께로 와 용서함을 구하면 인간은 죄와 두려움이라는 얽매인 짐에서 벗어난다. 감사와 사랑으로 하나님을 섬기도록 허락받는다. 바울은 "그리스도의 사랑이 우리를 강권하시는도다"(고후 5:14)라고 했다. 구속함을 받고 영생이라는 선물을 거저 받은 사람들은 마음에 있는 감사로 인해 하나님을 위해 살기를 원하게 된다. 그래서 동기가 올바르게 된다.

동기가 올바를 뿐 아니라 목적도 올바르다. 히브리-기독교 전통에서 아주 분명한 사실은, 선이 궁극적인 선이며 모든 선하고 온전한 선물을 주시는 하나님과 필연적으로 연결되어 있다는 것이다. 인간의 모든 체계는 하나님과 분리된 채로 인간의 선을 찾으려고 하기 때문에 완전히 실패한다.

우리의 가장 큰 목표는 하나님을 아는 것이며, 하나님과 같이 되는 것, 하나님을 사랑하는 것, 하나님을 영화롭게 하는 것, 영원히 하나님을 즐거워하는 것이다!

하나님이 주신 율법의 목적

성경에 있는 윤리 체계는 합당한 동기와 목적을 제시할 뿐 아니라, 우리의 일상생활에 쉽게 적용할 수 있는 하나님이 주신 율법의 가르침도 제공한다. 우리는 이 율법을 종이 주인에게 순종하는 것처럼 비굴한 두려움으로 순종하는 것이 아니라 아이가 사랑하는 부모에게 순종하는 것처럼 자녀다운 사랑으로 순종해야 한다.

하나님이 우리에게 주신 율법은 몇 가지 일을 한다. 분명히 알아야 할 율법의 첫째 목적은, 하나님 앞에서 우리가 어떤 사람이 되어야 하는지에 대한 기준, 즉 우리 삶이 어떠해야 하는지에 대한 완벽한 기준을 우리 앞에 놓아 주는 것이다. 우리는 무엇이 옳은지 그른지를 알기 위해 어둠 속을 더듬고 다닐 필요가 없다.

둘째 목적은 종종 간과되기도 하는데, 하나님은 우리가 율법을 지키는 데 실패할 수밖에 없다는 것을 납득시키시려고 율법을 주셨다. 율법에 의해 죄를 알게 된다. 율법은 정죄를 한다. 마틴 루터는 율법을 거울이라고 불렀다. 하나님의 율법이라는 거울을 들여다 볼 때, 자신의 모든 주름살과 점과 그 밖의 보기 싫은 것들, 곧 우리의 모든 죄와 죄악과 부정함을 보게 된다. 루터는 율법을 망치라고도 불렀다. 자기 의(義)를 부수는 망치 말이다.

사람은 윤리 체계를 세울 때 항상 자기가 지켜왔다고 생각하는 체계를 세운다. 하나님의 법에서 우리는 자기 의를 부수며, 자신의 선함에 대한 모든 신뢰를 없애고, 우리가 죄인이라는 것을 확신시키는 법을 발견한다. 하나님의 법은 우리로 하여금 손으로 입을 가리고 얼굴을 먼지 속에 묻게 한다. 우리는 하나님 앞에서 겸손해지고 우리가 하나님의 율법을 범한 죄인이라는 것을 확신한다. 루터는 이렇게 말했다. "율법은 우리를 십자가로 몰고 가는 채찍이다."

그러나 하나님은 우리를 더러운 채로 두지 않으셨으며, 죄와 부패함으로 멸시당하는 상태에 내버려 두지도 않으셨다. 하나님은 우리가 예수 그리스도의 얼굴을 올려다보도록 우리를 은혜의 근원인 십자가로 몰고 가신다. 거기에서 우리는 우리를 깨끗하게 하실 분을, 우리의 모든 죄를 제거하실 분을, 그분의 영으로 우리에게 능력을 주셔서 이후로는 그분의 법을 지키려고 애쓰게 하실 분을 발견한다. 이것이 하나님의 율법의 목적이다.

누구를 의지할 것인가?

어떻게 하면 우리가 이 완벽한 기준에 자신을 맞출 수 있을까? 예수께서는 "그러므로 하늘에 계신 너희 아버지의 온전하심과 같이 너희도 온전하라"(마 5:48)고 말씀하셨다. 하나님의 윤리 체계는 완벽함을 요구한다. 우리에게 윤리적, 도덕적으로 완벽한 기록이 없다면 우리는 천국에 결코 들어가지 못할 것이다. 한 가지를 범하면, 모든 것을 범한 것이다. 한 가지 생각, 한 마디 말, 한 가지 행동, 빠뜨리고 하지 않았거나 범한 한 가지 죄가 있으면 모든 것을 범한 것이다. 하나님은 불법을 보지 못하실 정도로 눈이 깨끗하시며, **어떠한 죄**도 결코 천국에 들어가지 못할 것이다.

그러면 하나님이 주신 이 완벽한 기준에 맞춰 살아가기를 과연 우리가 어떻게 바랄 수 있을까? 답은 이것이다. **우리는 할 수 없지만 하나님이 하셨다.** 인간의 방식은 하나님의 기준을 인간이 도달할 수 있는 자리로 끌어내리는 것이다. 하나님의 방식은 자신을 십자가까지 낮추시고 우리를 대신하여 죄의 값을 치르기 위해 지옥으로 가시는 것이었다. 그렇게 하셔서 하나님은 우리를 그분의 완벽한 기준에 이르도록 끌어올리셨다.

세상에 있는 모든 사람들은 기본적으로 둘 중 한 인물에 대한 순종을 믿고 있는 듯하다. 자신에게 "내 영생의 소망은 무엇인가?"라고 묻는다면 우리는 이렇게 대답할 것이다. "나는 아무도 해친 적이 없다. 나는 황금률을 따르려고 노력했다. 나는 계명을 지키려고 노력했다. 나는 교회에 갔다. 나는 기도했다. 나는 가난한 사람들에게 돈을 주었다. 나는 이웃에게 친절을 베풀었다." 이렇다면 우리는 자기 의로 천국에 간다고 믿고 있는 것이다.

문제는 "의인은 없나니 하나도 없다"는 것이다(롬 3:10). "우리의 의는 다 더러운 옷 같으며"(사 64:6), 죄가 날마다 우리의 삶을 더럽힌다. 그러므로 자신을 믿는 한 우리는 결코 천국에 들어갈 수 없다.

우리는 다른 인물, 즉 **예수 그리스도**에 대한 순종을 믿어야 한다. 예수 그리스도는 하나님의 완벽한 기준에 따라 사셨던 **유일한**

분이며, 결코 죄를 짓지 않으신 분이고, 흠이 없으시며 모든 면에서 우리처럼 시험을 받으셨으나 죄는 없는 분이다.

성경은 예수 그리스도의 완전한 삶이 우리를 위한 **모범**으로서 사신 것일 뿐 아니라(이것은 많은 사람들이 이해하고 있다), **대리적으로** 사신 것이라고 말한다. 그리스도께서는 우리의 처지에서 그분의 완전한 삶을 사셨으며, 우리가 하나님 앞에 예수 그리스도의 의로 옷 입고 흠 없이 설 수 있도록 기꺼이 그분의 순종으로 우리에게 옷을 입혀 주셨다.

성경에 나오는 여호와의 이름 가운데 하나는 "여호와 우리의 공의"이다(렘 23:6). 그리스도께서는 우리의 공의이시다. 그분은 우리의 처지에서 삶을 사셨다. 성경은 "한 사람이 순종하심으로 많은 사람이 의인이 되리라"고 말한다.(롬 5:19)

우리는 자기 의의 옷을 입고 하나님 앞에 가거나(불이 켜질 때, 우리는 자기가 더러운 누더기를 입은 것을 보게 될 것이다), 유일하게 완벽한 분인 예수 그리스도의 의의 옷을 입고서 하나님 앞에 갈 것이다. 누구의 선함을 믿어야 할까? 우리 자신? 그리스도?

그리스도의 의로 옷 입으라

나는 해마다 참으로 많은 사람들이 교회

에 앉아서 기독교가 사람들에게 말하는 것은 "착하게 지내라, 더 노력해라"뿐이라고 생각한다는 것을 알고 크게 놀랐다. 이들은 우리 자신 안에는 아무 소망이 없으며, 너무나 많은 사람들이 믿고 있는 우리의 의가 그저 더러운 누더기일 뿐이라는 기독교의 가장 기본적이고 기초적인 교훈도 전혀 이해하지 못하고 있다. 바울은 우리의 의를 "배설물"이라고 표현했다(빌 3:8).

우리는 그리스도를 믿음으로써 그리스도 안에서 발견되어야 한다. 그분이 하신 일을 믿음으로써 그분의 의로 옷 입고서 하나님의 보좌 앞에 흠 없이 설 수 있다. 이것이 영광스러운 좋은 소식이며, 복음의 메시지다.

우리는 모두 더럽고, 자격이 없고, 마땅히 지옥에 가야 하는 죄인이지만, 모든 것을 받을 자격이 있는 하나님이신 그리스도께서 우리를 대신해서 살고 죽으셨다. 그분을 믿으면 우리는 우리가 마땅히 받아야 하는 것이 아니라 그분이 마땅히 받으셔야 하는 것, 즉 낙원을 받을 것이다.

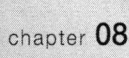

chapter 08

"예수가 정말 실존 인물이긴 해?"
내가 그리스도를 믿는 이유

그 안에는 신성의 모든 충만이 육체로 거하시고(골 2:9).

사람들은 왜 그리스도를 믿는가? 어떠한 감정, 어떠한 특별한 성향, 머리로는 진리가 아니라고 알고 있는 것을 가슴으로는 믿으려는 갈망 때문인가? 그리스도를 믿는 실질적인 증거가 조금이라도 있는가?

기독교는 세계에서 유일하게 역사적인 증거를 토대로 한 종교이다. 성경은 우리를 맹목적인 신앙으로 초청하지 않으며, 항상 증거에 의해 확립된 것들을 믿는 신앙으로 초청한다. 그리스도에 대한 증거는 대단히 압도적이다. 증거가 부족해서 그리스도를 믿지 못하는 사람은 아무도 없다.

우리가 예수 그리스도를 믿는 이유를 몇 가지 살펴보자. 수세기에 걸친 이 큰 논쟁에서, 독일의 문인 요한 볼프강 괴테(Johann Wolfgang Goethe)는 이런 말을 했다. "믿음과 불신의 갈등은 여전히 세계와 인간 역사에서 가장 정당하고 깊이 있는 유일한 주제이며, 다른 모든 것들이 이 주제 아래에 있다."

이 세상이 해결하려고 애쓰는 이 큰 논쟁은 모두 예수 그리스도를 믿느냐 믿지 않느냐에 관한 것이다. 역사가이자 예일대학교 교수인 필립 샤프(Philip Schaff) 박사는 우리에게 이렇게 경고한다. "무신론자들은 논쟁으로 설득되지 않는다. 불신의 원천은 머리보다는 가슴에 있기 때문이다."[1] 타락한 지성과 마음은 경건하지 않은 말과 태도와 행동을 낳는다.

기독교인 친구 한 명과 내가 다수의 불경건한 사람들 사이에 있었는데, 그들의 입에서는 더러운 말이 쉬지 않고 흘러나왔다. 자리를 옮기고 나서 친구가 말했다. "하나님에 대해 적대적인 타락한 마음들이군." 이것은 참으로 사실이다!

샤프 박사는 계속해서 이런 말을 했다. "그러나 진리를 사랑하며 자신의 연약한 믿음을 위해 확실한 증거를 바라던 나다나엘과 도마처럼 정직하게 묻는 자들과 열심 있는 회의론자들은, 자기들 앞에 증거가 놓이면 결코 거절하지 않을 것이며, 그 증거를 감사하며 기쁘게 받아들이고, 성육신하신 하나님을 경배할 것이다."[2] 정직하게 진리를 찾는 사람들을 위한 증거는 풍성하다.

역사적 증거와 기록

예수 그리스도, 그분에 대해 우리가 무엇을 말할까? 그는 세계 역사에서 가장 거대한 종교의 창시자이시다. 기독교는 그 다음으로 큰 종교보다도 2배가 크다. 20세기 후반에 자기가 기독교인이라고 주장하는 사람이 13억 2천만 명이었다.

예수는 그저 신화일 뿐이라고 말한 사람들도 있다. 예수가 실제로는 결코 존재하지 않았다는 것이다. 이것은 고려해 볼 수 있는 한 가지 가능성이다.

한 역사가는 기독교를 반대하던 사람들 가운데 가장 똑똑한 사람들이 전설이라는 가설을 완전히 모순으로 여기고 폐기했다고 썼다. 역사가인 길크리스트 로손(J. Gilchrist Lawson)은 이렇게 말한다. "그리스도의 존재에 대한 전설 가설, 즉 신화 가설을 주장한 사람 가운데는 학자라고 할 만한 사람이 없다. 그리스도의 존재에 대한 역사적 증거는 고대 역사의 다른 어떠한 사건을 뒷받침하는 증거보다 훨씬 더 많다. 편견 없는 학자라면 고대 역사에 기록된 모든 사건들에 대한 믿음을 포기하지 않고서는 그러한 증거들을 거부할 수 없을 것이다."[3]

그리스도의 역사성에 대한 증거는 너무나 많아서 역사가라면 감히 예수 그리스도가 과연 존재했었다는 것을 부인함으로써 자신의 명성을 도마 위에 올려놓으려고 하지 않을 것이다.

그러면 예수가 존재했었다는 것을 우리가 어떻게 아는가? 단순히 성경이 우리에게 그렇게 말해 주기 때문인가? 그것도 한 가지 이유이기는 하다. 성경에는 그리스도의 전기가 4개 있으며, 복음서 저자인 마태, 마가, 누가, 요한의 증언은 우리가 이전 장에서 다룬 것처럼 어느 세속 역사가의 증언보다 훨씬 더 정확하며 상세하다.

복음서 말고는 고대의 어떠한 저자도 예수 그리스도에 대해 언급하지 않았다고 생각하는 사람들도 있다. 이들은 완전히 틀렸다. 로마의 역사가인 타키투스, 수에토니우스, 소(小)플리니우스, 에픽테투스, 루시안, 아리스티데스, 갈레누스, 람푸리디우스, 디오카시우스, 힌네리우스, 리바니우스, 암미아누스, 마르첼리누스, 유나피우스, 조시모가 그리스도와 기독교에 대해 언급했다. 완전히 기독교에 반대하는 책을 쓴 작가로는 루시안, 셀수스, 포르피리, 히에로클레스, 배교자 율리아누스가 있다. 그 밖에 유대인 작가들을 포함하여 무수한 사람들이 예수 그리스도에 대해 글을 썼다.

그리스도에 대한 증거가 너무나 풍성하기 때문에 필립 샤프 박사는 이렇게 말했다. "이 바위에 서 있으면 나는 불신앙의 모든 공격에서 안전함을 느낀다. 그리스도라는 인물이 내게는 모든 사실 중에서 가장 크고 확실하다. 내 자신의 개인적인 존재만큼이나 말이다."[4]

그리스도에게 사형 선고를 내린 유대 총독 본디오 빌라도가 이 특별한 일에 관하여 황제인 티베리우스 카이사르에게 글을 썼다는 것은 다른 역사적인 인물 몇 명도 언급한 잘 알려진 이야기이다. 몇 년 후 한 기독교 변증가가 다른 황제에게 편지를 쓰면서 황제의 기록보관소를 조사해서 본디오 빌라도의 보고서를 찾아 이러한 일들이 사실인지 알아보기를 권했다.

그 긴 보고서에서 본디오 빌라도는 그리스도의 기적들을 서술한 후에 이렇게 말한다. "그리고 그를 헤롯과 아켈라오와 빌립, 안나스와 가야바와 백성이 제게 넘겨주었고, 제가 그(그리스도)를 재판해야 한다고 큰 소동을 일으켰습니다. 저는 그래서 그를 십자가형에 처하라고 명령했고, 우선 그를 채찍질했는데, 그를 악행으로 고발할 근거를 전혀 발견하지 못했습니다. 그리고 그가 십자가에 달렸을 때 온 세상이 캄캄했고, 한낮인데 태양이 어두워졌으며 별들이 나타났지만, 별들에게는 빛이 없었습니다. 그리고 달은 마치 피로

변한 것처럼 빛을 잃었습니다."⁵⁾

주후 52년에 다른 세속 작가인 탈루스(Thallus)는 정오부터 3시까지 태양이 빛을 발하지 않은 것에 대해 썼고, 그것은 일식 때문에 일어난 것이 분명하다고 말했다. 그러나 우리는 그리스도가 유월절 무렵에 십자가에 달리셨다는 것을 알고 있다. 유월절은 보름달이 뜨는 때이고, 보름달이 뜨는 때에는 일식이 일어날 수가 없다.⁶⁾ 그러나 이 작가는 태양이 빛을 발하는 것을 멈춘 현상에 대해 자연주의로 설명해야 한다고 생각했던 것 같다.

맨체스터 대학교의 성경비평 및 주경신학 교수인 브루스(F. F. Bruce)는 이렇게 말한다. "어떤 작가들은 장난삼아 '그리스도 신화'라는 공상을 할지 모르지만, 역사적인 증거를 토대로 한 것은 아니다. 편견 없는 역사가에게 그리스도의 역사성은 율리우스 카이사르의 역사성만큼이나 자명하다. '그리스도 신화'라는 이론을 전하는 사람은 역사가가 아니다."⁷⁾

타키투스는 네로가 로마에 화재를 일으킨 것을 감추려고 했던 것을 논하면서 이렇게 썼다. "그 소문을 막기 위해 네로는 흔히 그리스도인들이라고 불리던 사람들에게 부당하게 죄를 덮어 씌웠으며, 가장 지독한 고문으로 벌을 주었다. 그들은 죄를 지은 것으로 오해를 받아 증오를 받던 사람들이었다. 그리스도인이라는 이름의 창시자인 크리스투스는 티베리우스가 다스리던 때에 유대 총독 본디오 빌라도에게 사형을 당했는데, 이 해로운 미신은 한동안 탄압을 받았지만 유대뿐 아니라 로마 시 전역에도 다시 급속히 퍼졌다."[8]

이렇게 타키투스도 그리스도께서 티베리우스 카이사르의 통치 기간에 본디오 빌라도에게 십자가형을 받았다는 것을 우리에게 다시 한 번 알려 준다. 타키투스는 그리스도교의 창시자가 크리스투스, 즉 그리스도이며, 이 종교가 그 당시에 유대 전역을 통해 로마에까지 퍼졌다는 것도 다시 한 번 알려 준다.

기독교인을 모두 처형하던 소(小)플리니는 마침내 트라야누스 황제에게 조언을 구하는 편지를 썼다. 플리니는 기독교인들을 모두 죽여야 하는지, 특정한 몇 명만 죽어야 하는지 알고 싶었다. 같은 편지에서 플리니는 이렇게 썼다. "그런데 그들은 자기들의 죄나 잘못은 상습적으로 특정한 날에 해가 뜨기 전에 모였다는 것뿐이라고 주장했으며, 모였을 때 그들은 번갈아가며 신에게 하듯이 그리스도에게 찬송가를 불렀고, 거룩한 맹세를 했고, 어떠한 악한 일도 하지 않았습니다."[9] 그래서 플리니의 글에서 우리는 기독교인들이 예수 그리스도가 하나님이심을 믿었으며, 그들이 매주 어느 한 날에 일찍 모여서 그분을 예배했다는 것을 알게 된다.

초기 시리아 작가인 마라 바 세라피온(Mara Bar-Serapion)은 주후 73년경에 자기 아들에게 편지를 쓰면서 악행에 연루되지 말라고 경고하고, 경건한 사람들을 죽인 사람들이 맞이하는 끔찍한 결과를 상기시켰다. 그러면서 이렇게 말했다. "유대인들이 그들의 지혜로운 왕을 사형에 처해서 얻은 유익이 무엇이냐? 그 직후에 그들의 왕국이 완전히 파괴된 것뿐이다. 하나님은 이런 지혜로운 사람들에 대한 원수를 갚아 주신다. …… 유대인들은 멸망당하고 자기 땅에서 쫓겨나서 완전히 흩어진 채로 살고 있다."[10] 그러나 그들의 지혜로운 왕의 가르침은 살아 있다.

배교자 율리아누스는 기독교를 없애려고 몹시 애를 썼다. 그는 기독교에 반대하는 책을 한 권 썼는데, 그 책에서 율리아누스는 기독교를 파괴하는 게 아니라 아우구스투스의 통치 기간에 구레뇨가 유대에서 과세를 정하던 시기에 예수가 태어났다고 **단언하고 있다**. 율리아누스는 기독교가 티베리우스 황제와 클라우디우스 황제 시대에 시작되었다는 사실도 확증한다. 율리아누스는 기독교라는 종교의 실제적 근원으로서 마태복음, 마가복음, 누가복음, 요한복음의 신빙성도 주장한다.

율리아누스는 성경이 틀렸다는 것을 증명하려고 예루살렘에 갔으나 증명하지 못했다. 그는 바벨론 성벽을 파괴하여 성경의 예언을 자기도 모르게 성취한 사람이다. 죽음이 임박했을 때, 율리아누스는 외쳤다. "오, 갈릴리 사람이여, 당신이 이겼소."[11] 율리아누스는 자기가 재건하고자 애썼던 이교신앙의 흔적을 전혀 남기지 못했다. 율리아누스의 모든 노력이 그 갈릴리 사람의 능력 앞에서 증발하고 말았다.

그리스도에 대해 글을 남긴 다른 작가들도 많다. 유명한 유대 역사가인 요세푸스(Josephus)는 유대 민족의 지도자들이 그 시대에 나타난 한 위대한 인물을 본디오 빌라도에 의해 사형을 당하게 했는데, 그가 그리스도라고 말해 준다.[12]

이것은 삽입된 문장일 것이며 요세푸스는 한 번도 예수를 그리스도라고 말하지 않았고 "우리 지도자들이 그를 사형에 처함으로써 악행을 저질렀다"고 말한 적이 없다고 말하는 사람들이 있었다. 요세푸스는 개종을 하고 로마에 항복했으며 황제의 은혜를 입고서 로마에 살았다. 그러면 요세푸스가 과연 진정으로 그리스도를 받아들였는지 여부를 말할 수 있는 사람이 도대체 누가 있겠는가?

이 구절을 제거하려고 하는 사람들을 지지해 줄 것은 그들의 편견밖에 없다. 요세푸스가 쓴 글의 모든 사본에는 이 구절과 아울러 예수의 형제 야고보와 세례 요한과 그 밖의 신약 성경에 나오는 일들에 대한 언급도 담겨 있기 때문이다. 예수 그리스도의 역사성은 공격받을 수 없으며, 신화나 전설이 아니라는 것을 알 수 있다.

그리스도에 관한 예언

이러한 역사 기록을 우리가 성경이라고 부르는 고대 서적의 목록에 더하라. 그리스도에 대해 성취된 성경의 예언들은 증거를 추가해 줄 뿐이다. 구약에는 약속된 메시아를 다룬 예언이 333개 있는데, 이 333개 본문 가운데 그리스도의 삶과 오심에 대한 456개의 구체적인 세부사항들은 사실 우리를 위해 기술된 것이다. 하나님이 유대 백성에게 구약 성경을 주신 목적 가운데 하나는 메시아가 그들 가운데 오셨을 때 메시아를 확인할 수 있게 하시려는 것이었다. 하나님의 말씀에 있는 예언들은 다른 예언들과 달리 모호하지 않다.

성경의 메시아 예언은 놀라울 정도로 분명하다. 그 중에 몇 가지에 귀 기울여 보자. 여자의 후손이 뱀, 즉 사탄의 후손을 멸할 것이라는 것은, 동정녀 탄생에 대한 참고 구절이다. 성경 전체에서 이와 같은 참고 구절이 다른 데에는 없기 때문이다. 또 메시아가 아브라함의 후손으로 오시리라는 예언, 다윗의 집안에서 나시리라는 예언, 임마누엘이라고 불릴 것이라는 예언, 메시아가 오실 것을 앞서서 선포하는 자가 있으리라는 예언, 이스라엘의 베들레헴 스불론이 아니라 유다의 베들레헴 에브라다에서 태어나리라는 예언, 그가 선물을 주는 현자들에게 경배를 받으리라는 예언, 예수의 탄생 소식을 들은 왕 때문에 베들레헴이 유아 대학살을 겪으리라는 예언, 메시아가 나사렛 사람이라고 불릴 것이라는 예언이 있다.

이러한 목록은 예언에 나오는 456개의 세부사항에서 계속 이어진다. 잠시 생각해 보라. 한 개라면 그리스도에 대한 논증으로는 약할 것이다. 그런데 456개? 그것은 절벽 아래에 있는 길을 걸어가는 데 바위가 떨어지는 것과 같다. 바위 하나쯤이라면 쉽게 옆으로 피해서 갈 수 있지만, 바위들이 무수히 쏟아져 내린다면 충돌을 피할 수 없다.

예수 그리스도의 성품

우리가 실존했다는 것을 **알고 있는** 이분의 독특한 성품은 무엇인가? 많은 전기들을 연구하면서 나는 모든 역사가들이 찾아낸 것을 깨닫게 됐다. 어떠한 인간이든 살펴보면 볼수록 그 빛이 점점 약해진다는 것이다. 아무리 위대하던 영웅이라도 자세히 검토해 보면 감춰진 약점이 드러난다. 그의 연약함과 결점이 보인다. 샤프 박사는 "모든 인간은 면밀히 살펴볼수록 위대함이 줄어들지만, 그리스도의 성품은 그분에 대해 알면 알수록 더

욱 깨끗하고 거룩하며 사랑스러워진다"라고 말한다.

역사와 소설을 통틀어 그리스도의 성품에 필적할 것이 없다. 예수 그리스도와 같은 인물은 없었다. 예수 그리스도의 삶은 연구하면 할수록 더욱 감동적이다. 그분의 삶에 대해 무지한 사람들만이 그 삶을 평가절하 하는 말을 할 수 있을 것이다. 예수의 삶을 살펴보면 그분은 아주 사랑스러운 분으로 보인다. 그분은 비교할 수 없는 그리스도이시며, 맑고 투명한 그리스도이시다.

시드니 러니어(Sydney Lanier)가 "우리가 그분 안에서 무슨 용서할 것을 찾겠는가? 그분은 결코 어떠한 잘못도 하지 않으셨으며, 어떠한 허물도 찾을 수 없었던 분이며, '너희 중에 누가 나를 죄로 책잡겠느냐'라고 말하실 수 있었던 분이다"라고 말한 것처럼 말이다. 그분은 완벽한 사람이셨으며, 인류의 완벽한 모범이시다.

"무지한 사람들이나 그리스도가 위대한 인물이라고 믿을 것이다"라고 말하는 사람이 있다면 지금까지 살았던 뛰어난 지성인들의 말을 들어 보라. 장 자크 루소(Jean Jacques Rousseau)는 프랑스의 위대한 지식인 중 한 명이자 기독교를 대단히 반대했던 사람인데, 인생 후기에 쓴 〈에밀Emile〉에서 소크라테스와 그리스도를 비교하는 것은 현자와 하나님을 비교하는 것처럼 결코 있을 수 없다고 인정했다.

독일의 박식한 천재인 괴테는 예수가 "신인(神人)", "거룩하신 분"이었다고 말했다. 장 파울(Jean Paul Friedrich Richter)은 "그분은 강한 자들 중에서 가장 깨끗하신 분이며, 깨끗한 자들 중에서 가장 강하신 분이다"라고 말했다.

위대한 동양학자이자 언어학자이고 프랑스의 학자이자 비평가인 에르네스트 르낭(Ernest Renan)은 성경을 갈가리 해체하려고 했던 사람인데, 모든 시도를 다 해 본 후에 그리스도를 "엄청난 규모의 사람", "비교할 수 없는 사람, 그에게 보편적인 양심이 '하나님의 아들'이라는 직함을 명명했는데, 그것은 정당한 것이었다. 그는 과거 누구와도 또 앞으로 나타날 누구와도 비교할 수 없을 정도로 종교를 한 단계 발전시켰기 때문이다"라고 했다. 르낭은 그의 책 〈예수의 생애Life of Jesus〉를 "미래에 어떠한 놀라운 일이 있더라도, 예수를 능가할 것은 없을 것이다"라는 놀랄 만한 인정으로 마무리한다.[13]

루소는 이러한 말도 했다. "복음의 역사가 단순히 허구라고 가정하겠는가? 사실 복음의 역사에는 허구라는 표지가 전혀 없다. …… 오히려 아무도 의심할 생각을 안 하는 소크라테스의 역사가 예수 그리스도의 역사보다 증명되지 않는다."[14]

나폴레옹 보나파르트가 세인트헬레나에서 했던 유명한 증언을 들어 봤을 것이다. "나는 인간들을 안다. 그리고 예수 그리스도는 인간이 아니라고 말해 주겠다." 경건치 않은 인생을 살았던 나폴레옹은 그 황폐한 섬에서 최후를 맞았다. 매일 성경을 읽으며 나폴레옹은 이렇게 결론 내렸다.

"천박한 사람들은 그리스도와 제국 창설자들과 다른 종교의 신들과의 유사점을 찾는다. 그러한 유사점은 존재하지 않는다. 기독교는 다른 어떠한 종교와도 무한대만큼 차이가 난다. 우리는 다른 모든 종교의 창시자에게 이렇게 말할 수 있다. '당신은 신도 아니고 신의 대리자도 아니다. 당신은 죽을 수밖에 없는 나머지 인간들과 똑같이 진흙으로 빚어진 거짓의 사절일 뿐이다. 모든 정욕과 악덕으로 만들어졌다는 점에서 다른 인간들과 차이가 없다. 당신의 신전과 사제들이 당신이 어디에서 났는지를 선포한다.'" 하지만 나폴레옹은 예수 그리스도가 자신을 몹시 놀라게 했으며 자신을 경외감으로 가득 차게 했다고 말했다.[15]

문학에서 전시대를 통틀어 가장 뛰어난 천재로 불리는 윌리엄 셰익스피어(William Shakespeare)는 유언장에 이렇게 썼다. "나는 내 구주이신 예수 그리스도의 공로를 통해 영원히 사는 삶에 참여하게 되기를 소망하고 분명하게 믿으면서 내 영혼을 나의 창조주이신 하나님의 손에 맡긴다."

로드 바이런은 이렇게 말했다. "사람이 하나님이거나 하나님이 사람인 적이 있다면, 예수 그리스도는 그 두 가지 모두였다."

제임스 그린리프 휘티어(James Greenleaf Whittier)는 이렇게 말했다. "그리스도의 삶과 가르침과 희생에 나타난 하나님의 충만한 사랑에 나와 인류를 위한 소망의 근거가 있다. 나는 우리 본성의 어떠한 가치나 공로를 믿지 않으며, 그리스도를 통해 나타난 하나님의 무한한 자비를 겸손하게, 그러나 매우 큰 소망을 품고서 믿는다."

찰스 디킨스(Charles Dickens)는 이렇게 말했다. "나는 내 영혼을 우리의 주님이시며 구원자이신 예수 그리스도를 통해 하나님의 자비에 맡긴다. 나는 엄숙하게 당신에게 그리스도에게서 발원한 기독교의 진리와 아름다움을 명심하라고 말하겠다. 기독교를 겸손하게 진심으로 존중한다면 크게 잘못 되는 건 불가능하다는 인상도 깊게 심어 주겠다."

한 때 가장 제멋대로인 무신론자였던 러시아 문학의 천재 레오 톨스토이(Leo Tolstoi)는 이런 말을 했다. "내 인생의 35년 동안 나를 표현할 가장 적절한 단어는 허무주의자였다. 혁명적 사회주의자가 아니라 아무것도 믿지 않는 사람이었다. 5년 전에 믿음이 찾아왔다. 나는 예수를 믿었으며, 내 온 생애가 갑작스런 변화를 겪었다. …… 삶과 죽음이 악하게 되기를 멈추었으며, 절망 대신 죽음도 빼

앗아 갈 수 없는 즐거움과 행복을 맛보았다."[16]

괴테는 이렇게 말했다. "나는 사복음서가 철저하게 진짜라고 믿는다. 사복음서에는 예수 그리스도에게서 나오는 장엄함에서 반사된 빛이 빛나고 있기 때문이다."

미국의 유명한 역사가인 조지 밴크로프트(George Bancroft)는 현대 역사의 모든 페이지에 예수 그리스도의 이름이 기록된 것이 보인다고 말한다.

〈유럽 합리주의 역사 The History of Rationalism in Europe〉의 저자이며 회의론자이자 불신자인 윌리엄 렉키(William E. H. Lecky)는 유럽의 모든 시대에 흐르는 사상사를 분석했다. 렉키는 이렇게 말했다. "기독교는 한 이상적인 인격을 세상에 제시했다. 그 이상적인 인격은 18세기의 모든 변화를 겪으면서 인간의 마음을 열정적인 사랑으로 채웠다. 그 인격은 모든 시대와 민족과 성격과 상황에 영향을 미칠 수 있음을 스스로 보여 주었으며, 가장 고귀한 형태의 덕이었을 뿐 아니라 그 덕의 실천하는 데에도 가장 큰 자극이었다." 러스킨, 레싱, 웹스터, 바그너, 그 외에 수많은 사람들도 여기에 동의했다.[17]

이 세상이 낳은 위대한 사람들의 무수한 증언으로 가득 찬 책들이 있다. 예수 그리스도, 바로 그분은 이 세상에 알려진 사람 중에 가장 위대한 사람이다. 기독교를 전혀 믿지 않던 사람들의 저술만

봐도 그리스도가 이 세상에 살았던 사람 중에 가장 위대한 사람이라는 사실을 확증할 수 있다.

빌라도는 그리스도를 "죄가 없는 사람"이라고 불렀다. 디드로는 그리스도를 "타의 추종을 불허하는 인물"이라고 했다. 나폴레옹은 그리스도를 "사랑의 제왕"이라고 불렀다. 뛰어난 독일 비평가인 다비드 프리드리히 슈트라우스(David Friedrich Strauss)는 그리스도를 "종교의 가장 고귀한 모본"이라고 일컬었다.

존 스튜어트 밀(John Stuart Mill)의 저술을 읽고서 밀이 그때까지 살았던 사람 중에 가장 똑똑한 사람이라고 말하는 사람들도 있었다. 그런 밀이 그리스도를 "인류의 안내자"라고 불렀다.

렉키는 그리스도를 "가장 고귀한 형태의 덕"이라고 불렀다. 피칸트(Pecant)는 그리스도를 "하나님 앞에서 거룩하신 분"이라고 했다. 마티노(Martineau)는 그리스도를 "인류의 신적인 꽃"이라고 불렀다. 르낭(Renan)은 그리스도를 "인간의 아들 중에 가장 훌륭한 사람"이라고 했다. 시어도어 파커(Theodore Parker)는 그리스도를 "마음에 하나님이 있는 젊은이"라고 불렀다. 프랜시스 콥(Francis Cobb)은 그리스도를 "인류의 개혁자"라고 불렀다. 로버트 오언(Robert Owen)은 그리스도를 "비난할 여지가 없는 인물"이라고 했다.[18]

그러나 이런 묘사 가운데 만족스러운 것은 하나도 없다. 예수 그리스도는 이 모든 것보다 무한히 더 나은 분이다! 그는 우주를 지으신 창조주 하나님이시며, 지은 것이 그가 없이는 하나도 된 것이 없는 분이며, 피조물인 인간의 죄를 대신하여 죽으시기 위해 이 땅에 오신 분이다. 그는 성육신 하신 하나님이시다! "아브라함이 나기 전부터 내가 있느니라"(요 8:58)고 선언하신 분이며, "내 아버지께서 이제까지 일하시니 나도 일한다"(요 5:17)고 말씀하신 분이고, "나와 아버지는 하나이니라"고 말씀하신 분이다.

그분은 그분의 뜻에 절대적으로 복종할 것을 요구하신다. 그분은 우리 삶의 주님과 주인과 왕이 되기를 요구하신다. 그는 우리가 죄를 회개하고 모든 생각을 사로잡아 그분 앞에 가져가기를 요구하시며, 우리가 그분의 주되심과 구주되심에 온전히, 완벽하게 항복하기를 요구하신다.

지금도 살아계신 그리스도를 믿는다

예수 그리스도는 실제로 존재하시며, 언젠가 우리는 그것을 하나의 사실로 알게 될 것이다. 그분 앞에서 모든 무릎이 꿇을 것이기 때문이다. 지금까지 살았던 모든 사람들이, 가장 유창한 무신론자가, 가장 이성적인 회의론자가, 가장 사악하고 불경스러우며 비열한 자가 언젠가는 무릎을 꿇고서 그분이 모든 것의 주님이심을 선언할 것이다!

이 모든 것이 내가 예수 그리스도를 믿는 이유이다. 하지만 이것은 내가 처음에 이러한 이유로 그분을 알게 된 것은 아니다. 그분이 나를 사랑하고 내 죄를 위해 죽으신 구주 하나님으로서 내 눈앞에서 그분이 들려지는 것을 보았을 때, 나는 처음으로 그분을 알게 되었다.

그분은 이마가 찔리고, 손이 십자가에 못 박히신 분이었으며 "내게로 오라 내가 너희를 쉬게 하리라"(마 11:28)고 말씀하신 분이었다. 나는 거기에서 내 영혼을 사랑하는 분을, 나를 아버지나 어머니나 아내나 자녀보다 더 사랑하는 분을, 나를 영원히 사랑하실 분을, 나를 위해 지옥까지도 가신 유일하신 분을 만났다.

내가 의자에서 내려와 무릎을 꿇고 그분을 내 삶에 영접하던 것이 생각난다. 왜 그랬을까? 내가 하나님의 영에 감동을 받았고, 불가항력적으로 그분께 끌렸기 때문이다. 이렇게 해서 나는 살아 계신 그리스도를, **나의** 구속자 하나님을 알고 믿게 되었다.

chapter 09

"처녀가 아이를 낳다니, 그런 건 허구에 불과해."
내가 동정녀 탄생을 믿는 이유

천사가 대답하여 이르되 성령이 네게 임하시고 지극히 높으신 이의 능력이 너를 덮으시리니
이러므로 나실 바 거룩한 이는 하나님의 아들이라 일컬어지리라(눅 1:35).

지금 내가 당신에게 확실하게 말하고 싶은 것은 내가 동정녀 탄생을 믿지 않으며 아무도 동정녀 탄생을 믿지 않기를 바란다는 것이다. 이 말에 관심이 생기는가?

이것은 내 말이 아니다. 이것은 반세기도 더 전에 뉴욕시에 있는 웅장한 리버사이드 교회에서 미국 자유주의신학 운동의 지도자인 해리 에머슨 포스딕(Harry Emerson Fosdick) 목사가 한 말이다.

동정녀 탄생은 몇 가지 이유로 신약 성경에 나오는 다른 기적들보다 더 심하게 공격을 받아 왔다. 이전에 자신들을 '예수 세미나'라고 일컫는 단체가 뉴스에 나왔다. 미국에서 가장 자유주의적 급

진파 성경 신학자들 수십 명이 그 단체를 구성했다. 그들의 목적은 복음서 이야기에 대한 자기들의 견해를 색구슬을 이용하여 표결에 붙이는 것이었다. 이러한 색구슬 기반 연구는 사실 연구가 아니라 그들의 불신앙을 표현하는 것일 뿐이었다. 예를 들어 그들은 그리스도의 동정녀 탄생이 결코 일어난 적이 없다는 것, 동방 박사들의 방문이 허구라는 것, 이집트로 피신한 것은 상상 속의 피신이라는 것을 투표로 결정했다.

그러나 나는 동정녀 탄생이 사실일 뿐 아니라 우리 신앙의 기본적인 사실임을 믿는다. 기만적인 회의론자는 동정녀 탄생의 실제성을 직접적으로 공격할 뿐 아니라 그것이 사실이든 아니든 정말로 중요하지 않다고 넌지시 말할 것이다. 나는 동정녀 탄생이 일어나지 않았다면 어떠한 차이가 생기는지 생각해 보았고, 이러한 차이를 발견했다.

1. 예수께서 처녀에게서 태어나지 않았다면, 신약 성경의 서술들은 거짓되고 믿을 수 없다고 입증된다.
2. 마리아는 부정(不貞)이라는 죄로 더럽혀 있다. 마리아는 요셉과 약혼하고 있었는데, 그것은 우리의 '결혼 약속' 이상의 것이다. 약혼을 끝내려면 이혼증서가 필요했으며, 둘 중 하나가

정조를 지키지 않았다면 그 죄는 간음이 아니라 불륜이었다. 부정한 여자는 성문으로 끌고 가서 옷을 벗기고 장신구를 제해버리고 나서 누더기를 입히고 밧줄에 묶었다. 그런 후에 그 성의 모든 여자들이 와서 입을 딱 벌리고 보도록, 순결에 대한 경고로 공개되었다.

3. 예수는 자기 아버지를 잘못 알고 있었다. 그는 자신이 하나님의 아들이며 하나님이 자기 아버지라고 되풀이해서 선언했기 때문이다.

4. 그리스도가 "여자의 후손"으로 태어나지 않았으며, 그러므로 하나님이 에덴동산에서 여자의 후손이 뱀의 후손의 머리를 상하게 하리라고 하신 고대의 약속은 성취되지 않았다.

5. 그러므로 예수는 사생자이지 하나님의 아들이 아니다.

6. 결과적으로 그는 신인(神人)이 아니다.

7. 그렇다면 그는 우리 나머지 사람들처럼 죄인이었다.

8. 희생 제물은 완벽해야 하므로 죄인인 그가 구세주 하나님이 될 수 없다.

9. 그러므로 우리에게는 구원자가 없다.

10. 우리는 여전히 용서받지 못하고 죄 가운데 있다.

11. 우리에게는 죽음 이후의 삶에 대한 소망이 없다.

12. 하나님과 인간 사이에 중재자가 없다.

13. 삼위일체의 제2격인 성자가 없기 때문에 삼위일체도 없다.

14. 그리스도는 우리와 똑같이 죄인이었으므로 "아버지, 저들을 용서하여 주옵소서"가 아니라 "아버지, 우리를 용서하여 주옵소서"라고 기도했어야 한다.

15. 그러므로 동정녀 탄생이라는 이 기적이 부인된다면, 우리는 어디에 선을 그어야 하는가? 전부 부인해야 하지 않겠는가?

자, 무엇이 달라지는가? 이것은 지금 세상과 미래의 세상을 완전히 바꾸어 놓는다. 그리스도의 동정녀 탄생이 사실이 아니라면, 그것은 기독교 복음 전체를 뒤엎어 버리며, 예수 그리스도의 구세주 하나님으로서의 모든 의미를 없애버리고, 우리에게서 구원의 모든 소망을 강탈해 버린다.

동정녀 탄생을 믿지 않는 이유

그러면 동정녀 탄생이 이렇게도 중요한데 왜 어떤 이들은 그것을 믿지 않는가? 기본적으로 세 가지 이유가 있다. 첫째, 기적을 거부하기 때문에 동정녀 탄생을 거부하는 사람들이 있다. 그들은 초자연적인 것을 반대하는 성향이 있다. 그들은 과거에 사람들이 동정녀 탄생을 믿었던 유일한 이유는 고대인들이 과학적인 방법과 자연 법칙을 몰랐기 때문이며, 그래서 그들이 실제로는 기적이 아니었던 온갖 종류의 일들을 기적이라고 믿었다고 말할 것이다.

요셉이 오늘날 산부인과 의사만큼 출산과 수태에 대해 잘 알지는 못했겠지만 순진해 빠진 사람은 아니었다. 마리아가 '잉태한' 것을 알게 되자 요셉이 어떻게 했는가? "오, 이건 동정녀 탄생이야. 성령께서 하신 일인 게 분명해. 무지한 늙은 바보처럼 나는 마리아가 다른 누구하고 동침했다고는 믿지 않아"라고 말했는가? 아니다. 요셉은 마리아가 부정을 저질렀다고 결론을 내리고 약혼 관계를 조용히 끊으려고 했다. 그래서 요셉에게 동정녀 탄생이라는 개념을 납득시키기 위해 가브리엘 천사가 방문해야 했다.

내 신학교 시절 교수 중 한 분인 맨포드 조지 그츠기 박사는 동정녀 탄생이 하나님에게는 그다지 큰 문제가 아니라고 말씀하셨다. 우주를 창조하신 하나님이 존재하시며, 그분이 손끝으로 은하계들을 뿌리시고, 밤하늘을 눈부시게 아름다운 은하수로 색칠하셨다면, 작은 씨 하나를 취해서 그 씨를 여자의 자궁에 넣는 것은 분명 그분께는 아무것도 아닌 일일 것이다.

하나님이 세상을 창조하실 때 우리는 창세기 1장에서 하나님이 그와 같은 종류의 씨앗을 지구상에 존재하는 수십, 수백억의 모든 동물들, 모든 과일들, 모든 나무들, 모든 식물들 안에 넣으셨다는 것을 유념하라. 하나님이 그저 'Y' 염색체를 한 여자의 자궁에 넣으셔서 아이를 낳게 하시는 것이 왜 불가능하다고 생각해야 하는가?

그츠기 박사는 덧붙여서 당신이 하나님께서 그러한 사소한 일을 하실 수 있다는 것을 믿을 수 없다면, 사실은 하나님을 전혀 믿지 않는 것이라고 말했다. 그 일을 하실 수 없다면 하나님이 하실 수 있는 일이 많지 않을 것이다.

둘째, 어떤 기적은 믿지만, 동정녀 탄생의 경우에는 성경의 다른 책들이 그것에 대해 침묵하고 있다는 이유로 동정녀 탄생을 받아들이지 않는 사람들이 있다. 이것은 '침묵으로 인한 논거'라고 불리는 논거다.

장로교 목사인 고(故) 해리 리머(Harry Rimmer) 박사의 일화가 있다. 한번은 어느 노회 회의장에서 한 젊은이가 자기는 동정녀 탄생을 믿지 않는다고 선언한 것에 대해 조사를 받고 있었다. 목사 몇 명이 그 젊은이에게 신랄하게 질문을 하기 시작하자, 한 나이 많은 목사가 일어나서 자기도 동정녀 탄생을 받아들이지 않으니 그것을 그렇게 큰 문젯거리로 만들지 않았으면 좋겠다고 말했다.

"왜 믿지 않으십니까?" 누군가가 물었다.

"동정녀 탄생이 신약 성경의 두 장에만 나오기 때문입니다. 마태복음과 누가복음만 동정녀 탄생을 언급하고 있지요. 바울 서신 전체를 보아도 바울은 한 번도 동정녀 탄생을 언급하지 않았습니다."

리머 박사가 일어나서 말했다. "그러면 목사님은 교회에서 무엇을 가르치고 설교하십니까?"

그 나이든 목사가 대답했다. "산상수훈이요. 누구에게든 산상수훈이면 충분합니다."

리머 박사는 갑자기 자기는 '산상수훈을 믿지 않기 때문에' 산상수훈이 자기에게는 충분하지 않다고 말했다. 이 폭탄 같은 발언에 노회 회의장은 술렁거렸다.

"어떻게 산상수훈을 안 믿을 수 있습니까?" 그 나이든 목사가 물었다.

"산상수훈이 신약 성경에서 두 장에만 나오고, 마태복음과 마가복음이 산상수훈을 언급하는 유일한 복음서이기 때문입니다." 리머 박사가 대꾸했다.

그 나이든 목사는 자기가 그리스도의 동정녀 탄생이라는 개념을 부인하기 위해 사용한 것과 똑같은 논리로 말하는 것에 깜짝 놀랐다.

'침묵으로 인한 논거'는 증거가 될 수 없다. 그것은 가능한 모든 증거 중에서 최악의 증거다. 침묵은 무엇이든 옳다고 증명할 수도 있고, 틀렸다고 증명할 수도 있기 때문이다. 마가가 그리스도의 동정녀 탄생에 대해 전혀 언급을 하지 않은 것은 사실이다. 그런데 마가는 그리스도의 탄생에 대해서도 전혀 언급하지 않았다. 그렇다면 '침묵으로 인한 논거'의 논리에 따르면 마가는 예수가 태어났었다는 것을 믿지 않았다. 놀라운 논리 아닌가?

이 '침묵으로 인한 논거'라는 억지 논리로, 바울이 예수의 기적이나 비유를 전혀 언급하지 않았기 때문에 바울은 예수께서 기적을 행하셨거나 비유를 말씀하셨다는 것을 전혀 믿지 않은 것이 분명하다고 말할 수도 있다. 오래 전부터 '침묵으로 인한 논거'는 제대로 생각을 하는 사람이라면 누구나 반박할 논리이다.

많은 이들이 동정녀 탄생을 받아들이지 않는 셋째 이유는 기적적인 동정녀 탄생 이야기가 이교도의 설화에도 나온다는 것이다. 그들은 동정녀 탄생이라는 성경의 이야기는 먼저 존재하던 이교도의 신화와 종교에서 유래한 것이라고 말한다. 가장 눈에 띄는 몇 가지 예를 살펴보자.

- 그리스 신화는 그리스 신인 제우스가 알크메네에게 들어가서 헤라클레스를 낳았다고 가르친다.

- 비슈누는 여덟 번째 육신에서, 처녀에게서 출생한 크리슈나로 환생했다.
- 부처는 자기 어머니인 마야에게서 처녀 생식으로 태어났다.
- 아우구스투스 카이사르와 알렉산더 대왕은 다 자기들이 처녀에게서 태어났다고 주장했다.

회의론자들은 그리스도의 동정녀 탄생 이야기는 분명히 이러한 이방 종교에서 훔쳐온 것이며, 다른 이야기들과 함께 역사의 흙더미 속에 폐기되어야 한다고 말한다.

그러기 전에 그러한 이야기들을 더 자세히 살펴보자.

- 제우스와 헤라클레스의 경우, 우리는 그리스 신들에게서 언제나 동일한 것을 발견한다. 그리스 신들은 죄와 연약함이 있는, 크게 부풀려 놓은 인간들일 뿐이며 인간과 함께 산다. 그리스 신들의 이야기들 이면에는 아름다운 인간 여자에 대한 '신들'의 욕망이라는 욕정과 음탕함이 있다.
- 비슈누의 경우에 처음에는 물고기의 몸을, 그 다음에는 거북이, 보아 뱀, 사자, 그 밖의 다른 기이한 것들의 몸으로 환생했다.

· 아우구스투스 카이사르의 경우에는 자기 어머니인 올림피아를 독사가 임신시켰다고 주장했다. 그런데 알렉산더 대왕도 똑같은 주장을 했다. 자기 아버지가 뱀이라는 주장인데, 나라면 자랑하고 싶지 않을 사실이다.

이 이야기들을 보라. 성령으로 말미암은 그리스도의 동정녀 탄생의 순결한 기록과 이러한 이방 종교의 타락하고 기이한 이야기 사이에는 참으로 큰 차이가 있다.

이 주장의 뿌리에 도끼를 놓자. 이러한 주장의 요지는 이 이야기들이 마태복음과 누가복음에 나오는 그리스도의 동정녀 탄생 이야기보다 먼저 생긴 것이므로 이 두 복음서 저자들이 시기적으로 앞서는 이방 종교의 이야기를 표절했다는 것이다. 그러나 이것은 사실이 아니다. 사실은 동정녀 탄생이 이미 이사야 7장 14절에 나온다는 것이다. 그 구절에서 하나님은 장차 그들에게 표적을 주시겠다고 말씀하셨다. "보라 처녀가 잉태하여 아들을 낳을 것이요 그의 이름을 임마누엘이라 하리라"는 이 말씀의 성취를 마태가 기술하고 있는 것이다. 이것은 그리스도가 오시기 7백 년 전 말씀이고, 이 이방 종교 이야기들보다 먼저 나온 말씀이다.

그런데 앞서 말한 내용으로 좀 더 돌아가서 원복음, 즉 인간이 일찍이 알았던 유일한 유토피아인 에덴에서 하나님이 우리의 첫 조상들에게 주신 놀라운 약속인 첫 복음을 찾아보자. 재앙이 내렸다. 우리의 첫 조상은 하나님께 죄를 짓고 불순종했다. 죄가 인간의 혈관 속으로 독처럼 들어와서 죄로 인한 죽음만 남았다. 그런 암흑한 가운데 별 하나가, 예언적인 소망의 별이자 약속의 별인 원복음이 나타났다. 하나님은 여자의 후손이 뱀의 머리를 멸할 것이라고 말씀하셨다. 성경 전체에서 그리스도를 제외하고는 "여자의 후손"이라고 불리는 사람은 아무도 없다. "여자의 후손"이라는 표현은 동정녀 탄생을 가리킨다. 마태복음에 있는 계보에서 볼 수 있는 것처럼 모든 사람은 남자에 의해 잉태되기에 남자의 후손으로 기록되었다.

그것을 하나님께서는 별들에도 크게 쓰셨다. 황도 12궁은 모두 창세기 3장 15절의 원복음에서 빼온 것이다. 그 별들은 여자의 후손이 처녀자리, 즉 처녀에게서 나오며, 그가 뱀의 머리를 멸할 것을 그리고 있다. 뱀은 뱀, 전갈, 용 등으로 다양하게 표현되는데 모두 위대한 영웅에게 죽임을 당한다.

그러나 바벨론이 다스리던 시대에 다신교가 이방 세계에 전역에 퍼졌으며, 원복음의 희망적인 이야기가 고대의 다양한 이방신들로 왜곡되었고, 진정한 의미를 잃었다. 하나님은 그것을 크게 적으셨다. 동정녀 탄생이라는 핵심적인 진리와 함께, 복음은 하늘에서 온 세상으로, 별들 속에서도 선포되었다. 왜곡되기는 했지만 동정녀 탄생은 마침내 세상 모든 민족의 신화가 되었다.

이방 종교의 이야기들은 하나님이 처음부터 원복음에 계시하신 위대한 진리를 곡해하여 모은 것에 불과하다. 그래서 이교도의 전설에서 동정녀 탄생이라는 성경적 개념이 나왔다기보다는 창세기 3장 15절에 있는 원복음에 나오는 동정녀 탄생이라는 성경의 개념에서 모든 이방 신화가 나온 것이다. 이방 신화들이 동정녀 탄생이라는 개념을 반박하기는커녕 오히려 증명하는 것이다.

그리스도의 삶과 부활이 증거한다

신학교를 갓 졸업한 젊은이가 어느 작은 나라에 있는 교회에 설교자로 파송되었다. 그곳에 살고 있는 스칸디나비아 사람들이 그의 말을 들으러 왔다. 그 중에는 회의론자이며 교회에 전혀 오지 않던, 상당히 심술궂고 늙은 구두쇠 농부가 있었다. 그 젊은이가 차로 데리러 오겠다고 하면서까지 초청을 하자 그 농부는 마지못해 교회에 왔다. 그 젊은이는 그날 아침에 동정녀 탄생을 설교했다. 집으로 오면서 젊은이는 농부에게 물었다. "설교에 대해 어떻게 생각하십니까?"

농부가 말했다. "글쎄, 만일 어떤 여자애가 오늘 임신을 해서 아이를 낳았는데, 그것이 동정녀 탄생이었다고 하면 믿을 겁니까?"

젊은이는 잠시 생각하더니 대답했다. "음, 네. 그 아이가 자라서 그리스도처럼 산다면 믿겠습니다."

과학의 모든 결과에는 충분하고 타당한 원인이 있어야 한다. 모든 사람이 죄를 지은 세상, 아무도 의롭지 않은 세상, 특히 마음이 기만적인 세상, 전 세계 모든 신문의 제1면이 매일 인간의 죄됨을 선포하는 세상에서는 모든 것이 창세기 3장에 있는 진리의 배경음악이 될 뿐이다. 인간은 타락했다!

그러나 그 진흙더미 한가운데서 한 송이 순결한 백합이 외로이 자랐다. 이것을 어떻게 설명할까? 모든 결과에는 타당하고 충분한 원인이 있어야 한다. 유일하게 타당한 원인은 동정녀 탄생이라는 사실이다. 그가 인류를 타락시킨 죄의 독을 물려받지 않았다는 것이다. 그리스도의 유일무이함에는 유일무이한 탄생이 필요하다.

과학적인 조사와 논의와 '구슬 던지기'로 하는 논쟁을 넘어서서, 나는 그리스도께서 죽은 자들 가운데서 살아나셨기 때문에 동정녀 탄생이 사실이라고 믿는다. 그러려면 개인적이고 사적인 것에서 나와서 객관적이고 실제적이고 공개적인 것으로 들어가야 한다.

그리스도의 부활은 가장 확고하게 증명된 고대의 사실이다. 그러므로 그리스도의 부활에 대한 모든 증거는 예수의 동정녀 탄생에 대한 증거이다. 왜 그런가? 하나님이 그리스도를 죽은 자들 가운데서 다시 살리셨을 때, 그리스도의 속죄를 인정하셨으며 그 희생 제사를 받으셨다고 성경이 말해 주고 있기 때문이다. 그리스도가 정결하지 않으셨다면 하나님이 희생 제사를 받지 않으셨을 것이며, 그리스도가 우리처럼 죄인으로 태어났다면 그리스도는 정결하지 않았을 것이다.

마리아가 증거한다

동정녀 탄생은 분명히 주관적인 성격이 있는 것, 마리아만 알려 줄 수 있는 아주 개인적이고 사적인 문제이다. 그래도 우리는 바로 마리아에게서 나온 증거 하나를 더할 수 있다. 마리아는 십자가형을 막을 수도 있었다. 자기 아들이 십자가의 죽음이라는 심한 고통과 고뇌를 겪는 것을 아주 쉽게 막을 수도 있었다. 어떻게? 예수는 한 가지 이유, 즉 하나님이 자기 아버지라고 주장했기 때문에 십자가형을 당했다.

만일 그것이 거짓말이었다면, 마리아가 정숙하지 않았던 것이라면, 마리아는 자신의 부도덕을 인정해야 했겠지만 언제든 앞으로 나아가서 이렇게 말할 수도 있었다. "이 끔찍한 일을 멈춰요! 내가 수치를 당해야 해요! 내가 고백하겠어요! 예수의 진짜 아버지가 누구인지 말하겠어요!" 마리아는 예수가 자칭하는 것을 깨버리고 그를 십자가에서 구해낼 수도 있었다.

어떤 어머니도 자기 체면을 위해서 아들이 끔찍하게 죽게 내버려두지 않는다. 마리아는 여느 어머니처럼 아들이 끔찍하게 죽는 것을 막을 수도 있었고 막았을 것이다. 예수의 아버지가 누구인지 알고 있었다는 것만 빼면 말이다. 마리아는 예수의 아버지가 하나님이시라는 것을 알고 있었다.

예수는 동정녀에게서 태어났으면 하나님의 거룩한 아들이시고 인간의 구세주이시다. 우리가 오늘 우리 자신에게 물어봐야 할 것은, 동정녀에게서 태어나신 그분이 우리 안에서 태어나셨느냐 여부다. "그리스도가 베들레헴에서 수천 번 태어나셨어도, 그분이 당신 안에서 태어나지 않으셨다면 당신의 영혼은 여전히 버림받은 채로 있다"는 것이 여전히, 그리고 영원히 사실이기 때문이다.

"예수의 부활은 제자들의 사기 아니면 환상이야."
내가 **부활**을 믿는 이유

그가 고난 받으신 후에 또한 그들에게 확실한 많은 증거로 친히 살아 계심을 나타내사 사십 일 동안 그들에게 보이시며 하나님 나라의 일을 말씀하시니라(행 1:3).

시간이 시작된 이후로 사람들은 사랑하는 이들의 죽음에 욥과 같이 "장정이라도 죽으면 어찌 다시 살리이까"(욥 14:14)라고 부르짖으면서 반응했다. 인간의 철학이나 이방 종교는 그저 물음표나 바람이나 희미한 소망으로 대답할 수 있었다.

그리스 철학의 귀재인 플라톤이 이런 질문을 받았다. "우리가 다시 살아나겠습니까?" 플라톤은 이렇게 대답했다. "나도 그러기를 바라지만, 아무도 알 수 없지." 마호메트나 부처나 공자의 무덤은 비어 있지 않지만, 그리스도의 무덤은 오늘날까지 비어 있다.

그러면 우리는 그리스도의 부활을 왜 믿는가? 부활은 기독교의 모든 교리 중에서 가장 중요하며, 그에 비하면 다른 교리들은 상대적으로 덜 중요하다. 부활이 없다면 그리스도의 십자가조차도 그저 거부당한 그리스도, 십자가에 달리고 하나님께 저주를 받은 그리스도에 대한 상징일 뿐이다. 그러나 바로 부활에 의해서 그리스도가 하나님의 권능 있는 아들이라고 선언되며, 부활에 의해서 그리스도의 속죄 희생을 하나님이 받으셨다고 선언된다.

부활은 기독교 신앙의 중심에 있다. 부활과 함께 모든 것이 서 있거나 무너진다. 그러므로 19세기 내내 모든 회의론자들은 자신의 가장 큰 총구를 예수 그리스도의 부활에 겨누었다.

부활에 대한 많은 검토들

예수 그리스도의 부활에 대한 증거는 다른 어떠한 역사적 사실에 대한 증거보다 더 자세히 조사받았다! 뛰어난 학자들이 부활을 비교 검토하고 고찰했다. 그 중 하버드 법학 교수였던 사이먼 그린리프(Simon Greenleaf)가 있다. 그는 하버드 로스쿨을 탁월하게 만들었으며, 세계 역사에서 법적 증거에 대한 최고 권위자로 불린 사람이다. 그리스도의 부활에 관심을 갖고서 모든 증거법을 부활에 집중적으로 적용해 본 후에 그린리프는 그리스도의 부활이 역사적 사실이며, 누구든 부활에 대한 증거를 정직하게

검토하면 그것이 사실임을 확신하게 될 것이라고 결론 내렸다.[1]

그리스도의 부활을 부인하는 책을 쓰기 시작했던 영국 변호사 프랭크 모리슨(Frank Morison)에게도 부활은 사실이었다. 모리슨의 책은 그가 쓰기 시작했던 그런 책이 아니었다. 그리스도의 부활에 대한 증거를 검토하면서 이 회의적인 변호사는 증거가 너무나 압도적이라는 것을 알고 그것을 받아들일 수밖에 없었으며 신자가 되었다. 그가 쓴 책인 〈누가 돌을 옮겼는가 Who Moved the Stone?〉는 그리스도의 부활에 대한 증거에서 시작하는데, 그 책의 제1장은 '집필되지 못한 책'이라는 제목이 붙었다.

루 월리스(Lew Wallace)도 그리스도의 신성과 부활이 틀렸음을 입증하는 책을 쓰기 시작했는데, 결국에는 그것을 지지하는 유명한 책이 됐다. 그 책이 바로 〈벤허 Ben Hur〉다.

시간을 들여서 그리스도의 부활에 대한 증거를 조사한 사람들에게 이것은 큰 의미가 있다. 나는 그리스도의 부활을 믿지 않는 사람들은 많이 만나 봤지만, 부활의 증거를 다룬 책을 한 권이라도 읽은 후 부활을 믿지 않는 사람은 만나 본 적이 없다.

부활의 증거들

이러한 증거들 가운데 몇 가지를 생각해

보자. 우선 주일이라는 사실이 있다. 수천 년 동안 히브리 민족은 안식일 교리를 고수해 왔다. 그런데 우리는 유대인이었던 초기 기독교인들 한 무리가 예배하는 날을 일곱째 날에서 첫째 날로 바꾼 것을 발견한다! 그들이 그렇게 고집스럽게 고수해 왔던 것을 폐기한 이유를 어떻게 설명할 수 있을까? 일주일의 첫째 날에 죽은 자들 가운데서 그리스도가 부활하신 기념비적인 사건 말고는 아무것도 없다. 그리스도께서 제자들에게 나타나신 날도 그 주의 첫째 날이었으며, 주의 성령도 그 주의 첫째 날인 오순절에 교회에 부어졌다. 그래서 우리는 예수 그리스도의 제자들이 그분을 예배하기 위해 만난 날이 바로 그 주의 첫째 날이라고 해석한다.

다음으로는 부활절이라는 사실이 있다. 이것은 유대인의 축제인 유월절을 대체한 것이었다. 유월절을 민족의 역사상 가장 중요한 사건으로 지켜오던 유대인들이 기독교의 축제 중 축제인 부활절을 기념하기 위해서 유월절을 포기했다. 부활절 인사는 "그리스도가 다시 살아나셨습니다!"이고 이 인사에 대한 응답은 "그리스도가 정말 다시 살아나셨습니다!"이다. 부활 말고 다른 어떤 사실이 기원이 초대교회 시절까지 거슬러 올라가는 부활절이라는 축제의 존재를 설명할 수 있는가?

또 예수 그리스도의 고난과 죽음뿐 아니라 부활과 능력까지도

가리키는 기독교의 성찬식이라는 사실이 있다. 성찬식은 예수 그리스도께서 죽으시던 바로 그 때부터 중단되지 않고 이어져 왔다.

기독교 미술이라는 사실도 있다. 박해 시대에 시작된 로마의 카타콤을 보면 가장 초기 기독교인들이 믿음의 한 부분으로서 그리스도의 부활을 묘사한 것이 벽에 새겨져 있다.

기독교 찬송이라는 사실도 있다. 가장 초기부터 기독교 교회는 부활하신 예수 그리스도께 찬양을 드렸다.

그 다음으로는 기독교 교회라는 부인할 수 없는 사실이 있다. 교회를 부활과 연결시키지 않는 사람들이 많지만, 학자들은 이를 연결시킨다. 기독교 교회는 세계 역사에서 지금 존재하거나 지금까지 존재했던 기관 중에 가장 큰 기관이다. 기독교 교회는, 영토가 가장 넓던 시기의 로마제국보다 5배나 더 크다. 오늘날 13억이 넘는 사람들이 예수 그리스도를 살아계시고 부활하신 하나님의 아들로 예배한다고 공언한다.

이와 같은 기관이 어떻게 존재하게 되었는가? 어떤 사람이 이런 말을 한 적이 있다. "그랜드캐니언은 어느 인디언 한 명이 나무막대기를 질질 끌고 지나가서 생긴 것이 아니다." 기독교 교회와 같은 크기의 기관도 지난날 게으른 몽상가들의 백일몽으로 인해 생긴 것이 아니다. 모든 역사가들은 기독교 교회의 기원이 그리스의 죽음과 부활이 있던 시기인 주후 30년의 예루살렘으로 거슬러 올라갈 수 있다는 것을 알고 있다.

웰스(H. G. Wells)의 〈역사의 개요 Outline of History〉와 다른 세속 역사책들을 정독해 보면, 대개는 예수 그리스도의 삶과 죽음을 이야기한다. 그리고 나서 다음 장에서는 기독교 교회의 발원과 제자들의 설교를 이야기하기 시작하는데, 이 두 장 사이에는 연관이 있다. 세상에서 가장 큰 기관이 그리스도께서 죽은 자들 가운데서 다시 살아나셨다고 사도들이 설교하기 시작한 주후 30년에 예루살렘에서 시작되었다는 사실은 단순한 믿음이 아니라 부인할 수 없는 역사의 사실이다.

초대 기독교인들의 메시지의 핵심은 그리스도께서 죽은 자들 가운데서 다시 살아나셨다는 것이었다. 오순절에 선포된 첫 메시지는 전적으로 그리스도의 부활에 관한 것이었다. 구약 성경에서 말했던 예언에 대한 것이었으며, 그들이 영광의 주를 십자가에 못 박았으며 하나님이 그를 죽은 자들 가운데서 다시 살리셨다는 사실에 대한 것이었고, 자기들이 그러한 일들의 증인이라는 사실에 대한 것이었다. 그리고 다시 살아나신 그리스도께서 이제 그분의 성령을 부어 주셨다는 사실에 대한 것이었으며, 그리스도께서 다시 살아나셨기 때문에 그분을 믿는 사람들의 죄를 용서해 주실 수 있다는 사실에 대한 것이었다.

성경뿐 아니라 불신자들과 기독교를 반대하는 대적들의 증언 또한 그리스도께서 죽은 자들 가운데서 다시 살아나셨다는 가르침 때문에 교회가 사방으로 퍼져 나갔다는 것을 분명히 드러낸다. 사실 예수 그리스도의 교회는 사도들이 그리스도께서 죽은 자들 가운데서 다시 살아나셨다고 선언했기 때문에 생겼다.

부활에 대해 선택할 수 있는 세 가지 주장이 있다.

1. 이것은 사기이며, 사도들이 거짓말을 한 것이다.
2. 사도들이 착각을 했고 속았으며 틀렸다.
3. 그리스도께서는 정말로 죽은 자들 가운데서 다시 살아나셨다.

회의론자들이 부활이라는 사실을 부인하기 위해 기울인 노력을 살펴보자.

20년 이상 부활을 연구하면서 나는 부활이 마치 온갖 종류의 암초들이 둘러싸서 보호하고 있는 섬과 같다는 것을 알았다. 그 섬을 파괴하려고 시도하는 어떠한 선박도 암초에 의해 좌초될 것이다. 가장 큰 총구로 부활을 겨냥했던 회의론자들과 무신론자들과 불신자들은 몇 안 되는 이론을 제기했을 뿐이다. 그리스도의 부활을 더

욱 확신하기 위해서 해야 할 일은 그러한 이론들을 검토해 그 이론들이 얼마나 헛된지를 알아보는 것뿐이다.

데이비드 넬슨(David Nelson) 박사는 〈무신앙의 원인과 치유 The Cause and Cure of Infidelity〉에서 자기가 젊은 시절에 대학과 대학원을 다니면서 신앙을 잃었으나 불안한 양심 때문에 계속 혼란스러웠다고 기록한다. 자신의 불신앙을 견고히 하기 위해 그는 위대한 무신론자들의 책을 닥치는 대로 읽었다. 지적인 통찰력이 있었던 넬슨 박사는 무신론자들의 주장이 너무나 비현실적이고 공허해서 이치에 맞지 않는다는 것을 알 수 있었고, 결국 예수 그리스도께 돌아오게 되었다.

우리는 구약 성경에 있는 그리스도의 부활 예언이 성취된 것을 읽을 수 있다. 또 그리스도께서 자기가 붙잡혀서 조롱당하고 십자가에 못 박힐 것이며 셋째 날에 죽은 자들 가운데서 다시 살아날 것이라고 직접 말씀하신 예언이 있다. 만일 그리스도께서 일종의 음모를 꾸몄다고 가정한다면, 그것은 예수 그리스도의 성품을 비난하는 것이다. 그런데 이 분은 이제껏 세상에 알려진 사람 중에 가장 위대하고, 가장 윤리적이며, 가장 순결하고, 가장 정직한 사람이라고 온 세상이 함께 선언한 사람이다.

우리 앞에는 빈 무덤이 있다. 이 빈 무덤이라는 암초 앞에 많은 이론들이 물러섰다. 빈 무덤에는 그리스도의 수의가 있었다. 다시 사신 그리스도가 5백여 명의 사람들에게 동시에 나타나신 것을 포함해, 서로 다른 사람들에게 나타나신 사례가 열두 번 있다. 아침과 점심과 저녁에, 집안과 집밖에서, 다양한 시간과 장소에서 사람들이 다시 사신 그리스도를 만나서 그에게 손을 대고 그를 만졌다.

또 사도들은 두려움에 떨던 소심한 겁쟁이에서 복음을 담대하게 선포하는 사람으로 엄청나게 변했다. 한때는 어린 하녀를 두려워하던 베드로가 며칠 후에는 산헤드린 공회 앞에서 자기는 보고 들은 것을 선포하지 않을 수 없다고 주장하며 맞섰다. 우리는 이 증인들의 신실함과 고난과 죽음을 본다. 이들 대부분은 자신의 피로써 자신의 증거에 도장을 찍었다.

이것은 매우 중요한 사실이다. 심리학의 역사에서 자기가 거짓이라고 알고 있는 것을 위해 기꺼이 목숨을 바친 사람은 한 사람도 없다. 나는 왜 하나님께서 사도들과 초기 기독교인들로 하여금 그와 같은 고난을, 그처럼 엄청나게 지독한 고문을 당하게 하셨는지 의아했다. 기독교는 그렇게 해서 기초가 세워졌기에 오늘날 절대로 흔들림이 없다. 폴 리틀(Paul Little)이 이런 말을 했다. "실제로는 사실이든 아니든 간에 사람들은 자기가 사실이라고 믿고 있는 것을 위해서는 죽을 수 있다. 그러나 자기가 거짓이라고 알고 있는 것을 위해서는 죽지 않는다."[2]

그리스도의 승천이라는 사실과 증거가 있다. 또 사도 바울의 놀라운 회심과 변화, 즉 기독교인들을 박해하고 죽이던 그가 기독교 역사상 가장 위대한 사도로 변했다는 부인할 수 없는 사실이 있다.

부활이 실제가 아니라는 의견에 대한 반박

부활을 설명해 보려는 다양한 이론 몇 가지를 살펴보자. 제자들이 스스로, 혹은 제자들이 예수 그리스도와 함께 세상을 속여서 그리스도가 죽은 자들 가운데서 다시 살아났다는 것을 믿게 하려고 음모를 꾸몄다는 주장이 있다. 이 사기 이론은 가장 먼저 나온 주장이다.

이 이론은 성경에서 파수꾼들이 예루살렘으로 들어가서 산헤드린(유대인의 통치기구)에 무덤이 비었다는 것과 무덤에서 일어난 일들을 보고할 때에도 나온다. 산헤드린은 파수꾼들에게 많은 돈을 주면서 이렇게 말했다. "너희는 말하기를 그의 제자들이 밤에 와서 우리가 잘 때에 그를 도둑질하여 갔다 하라 만일 이 말이 총독에게 들리면 우리가 권하여 너희로 근심하지 않게 하리라"(마 28:13-14).

법리학에서는 어떠한 상황에서든 증인이 잠자는 동안 일어난 일에 대해 증언한 것은 인정받을 수 없다. "우리가 잠들어 있는 동안 사도들이 왔습니다." 로마 군인이 파수 근무를 하는 동안 잠든 것은 사형을 면할 수 없는 일이었다. 그리고 이것은 엄격하게 적용되었다.

스코틀랜드 신학자인 프린서플 힐(Principal Hill) 박사는 이 주장에 대해 모범적인 인용문이라 할 만한 말을 했다. "겉으로 보기에는 낱낱이 진리이지만 혹시 제자들의 증언이 거짓이라고 가정한다면 뻔히 들여다보이는 모순적 상황이 떠오를 것이다. 보잘것없는 태생에 전혀 교육을 받지 못했고, 야심에 찬 시선을 가질 수도 이룰 수도 없는 낮은 신분으로 살아가고 있었으며, 나라에서 아무런 도움도 받지 못하던 남자 열두 명이, 지금까지 인간이 생각해 낸 것 중에 가장 뛰어난 계획을 세웠고, 그 계획을 실행하기 위해 가장 대담한 수단을 채택했으며, 순진함과 덕행이라는 허울 아래서 그 사기 행각을 감출 정도로 솜씨 좋게 그 계획을 수행했다고 가정해야 한다. 하나님을 모독하고 거짓말을 하는 죄를 범한 이 남자들이 이 세상을 고결하게 만들기 위해서, 가장 잘 고안되고 실제로 가장 성공적이라고 증명된 일을 하기 위해서 결탁했다고 가정해야 한다. 이들이 자신의 유익은 전혀 추구하지 않고, 손익을 개의치 않는다고 공언하면서, 멸시와 박해를 분명하게 예상하면서 이 유례없는 사업을 구상했다고 가정해야 한다. 이들이 서로의 악행을 알고 있으면서도 사기 행각을 폭로함으로써 자신의 안전을 도모할 생각은 전혀 하지 않았으며, 오히려 육체에 가장 쓰라린 고난을 겪으면서도 세상을 속여서 경건하고 정직하며 사랑하게 하려는 음모를 관철시켰다고 가정해야 한다. 참으로 이런 어처구니 없는 추측을 받아들일 수 있는 사람이라면 기적을 반대할 자격이 없다."[3]

변호사 프랭크 모리슨(Frank Morrison)은 이렇게 말했다. "우리는 교회의 아군들의 열심에 대해서 설명해야 할 뿐 아니라 교회의 적군들의 무기력에 대해서도, 또 새로이 교회 편이 되는 회심자들이 점점 많아지는 것에 대해서도 설명해야 한다. 예루살렘의 고위 인사들이 이 운동을 초기에 확실하게 제거하려고 무척 애썼지만 할 수 없었다는 것을 생각해 보라. 대박해라는 진정한 의미의 율리시스의 활이 사용되었지만 사도들에 의해 산산조각이 날 때까지 사도들의 입을 막기 위해 얼마나 필사적인 방편이 하나씩 채택되었는지를 생각해 보라. 그러면 우리는 이 모든 협잡과 미봉책 이면에 조용하지만 분명 반박할 수 없는 사실이 있다는 것을, 바로 그 일이 일어난 곳과 그 결말로 인해 확고해지는 사실이 있다는 것을 깨달을 수 있다. 또 우리는 기독교가 예루살렘에서 정말로 무서운 규모로 자라고 있던 그 4년 동안 이 새로운 교리 때문에 특권과 개인적인 명성이 모욕당하고 무시 받고 있던 가야바나 안나스나 사두

개파의 어떠한 저명한 인물이 그 곤경에서 벗어날 수 있는 아주 손쉬운 방법을 택하지 않은 이유도 깨닫게 된다."[4]

예수의 시신이 요셉이 넣어두었던 그 무덤에 여전히 있거나 제자들이 직접 예수의 시신을 가지고 가서 다른 곳에 두었다면, 왜 그들이 그렇게 말하지 않았겠는가? 아니, 그들은 무력했고 완전히 무능해서 아무 조치도 취할 수 없었다. 그들이 유일하게 할 수 있는 조치는 박해뿐이었다.

부활이 차츰차츰 발전한 전설이라고 말하는 사람들도 있는데 이것은 복음서들이 실제 사건이 일어난 지 백 년이나 이백 년 후에 기록되었다고 말하던 19세기에나 인기 있던 이론이며, 고고학의 발전으로 침묵하게 되었다.

이제 우리는 복음서들이 각 복음서에 이름 붙인 저자들이 살던 시대에 기록되었다는 것과, 부활에 대한 증언이 부활이 일어나던 바로 그 10년간에 있었다는 것을 안다. 그러므로 전설이 발전할 시간은 없었다. 더 나아가 그 전설은 적어도 바울이 그리스도의 부활을 본 사람이 5백 명이며 그들 중 대부분이 아직 살아 있다고 말하던 때보다 16년 전에 발전했다.

환상 이론은 더 이치에 맞지 않는다. 부활한 그리스도는 예수께서 죽은 자들 가운데서 다시 살아나실 것이라고 크게 기대하고 있던 사람들의 단순한 환상이었거나 환각이라는 추측이다. 이 이론이 사실이라면 여자들이 향유를 가지고 무덤에 왔다는 사실을 어떻게 설명할까? 그 여자들이 다시 살아나신 그리스도에게 기름을 바르러 왔을까, 아니면 시신에 기름을 바르러 왔을까? 마리아가 무덤 밖에 앉아서 주님의 시신을 도둑맞은 것 때문에 울고 있었다는 것을 어떻게 설명할까? 엠마오로 가던 두 사람이 십자가에 못 박힌 그리스도가 이스라엘을 구원할 메시아라고 생각했으나 이제 모든 것이 실패했다는 확신 때문에 완전히 슬퍼하고 낙심해 있었다는 사실을 어떻게 설명할까? 제자들이 의심하고 있었기 때문에 예수께서 그들의 믿음 없음을 꾸짖으셨다는 것을 어떻게 설명할까? 그들은 그리스도가 부활하실 것을 기대하지 않았다!

역사에서 서로 배경과 성격이 다른 사람들 5백 명이 동시에 같은 환상을 본 사건은 없다! 게다가 이 환상 이론이라는 선박이 피해서 돌아가야 할 다른 암초들이 셀 수없이 많다. 예를 들어 제자들이 단순히 환각을 본 것이라면 시신이 그대로 있는지 보려고 무덤에 간 제자가 하나도 없었을까? 제자들이 자기들의 '환각'을 주장할 때, 그들의 대적들 중에 과연 한 사람도 몇 걸음 걸어가서 무덤을 살펴볼 생각을 안 했을까?

오순절에 베드로는 그 무덤에서 불과 10분 거리인 곳에서 자신의 '엄청난 환각'에 대해 설교했다. 그날 믿은 사람이 수천 명이었으며, 들었으나 믿지 않은 사람도 수천 명이었다. 거리를 걸어 내려가서 자기가 들은 것이 사실인지 확인할 생각을 아무도 안 했을까? 분명 교활하고 음모를 꾸미는 사두개인들이라면 그것이 환각에 불과하다는 것을 보여 줄 수 있는 기회를 모두 잡았을 것이다.

마지막으로 '기절' 이론이 있다. 이것은 벤투리니(Venturini)가 말한 것이며, 메리 베이커 에디(Mary Baker Eddy)의 글에서도, 〈유월절 음모 Passover Plot〉에 있는 휴 숀필드(Hugh Schonfield)의 글에도 나온다. 그런데 거의 1,800년이 넘는 세월 동안에 기독교의 아군이나 가장 화해하기 어려운 대적들이나 작은 소리로라도 예수 그리스도가 죽지 않았다는 말을 한 적이 없다는 것이 흥미롭다. 최근 몇몇 작가들이 예수는 기절했을 뿐이며, 십자가에서 내려져 죽은 것으로 판단된 후에, 무덤의 냉기 속에서 소생해서 나와서 제자들에게 자기가 죽은 자들 가운데서 다시 살아났다고 확신시켰다고 생각했다. 기절 이론이라는 선박은 부활 섬의 100킬로미터 이내로도 결코 들어오지 못할 것이다.

다음의 사실들을 생각해 보라. 로마 군인의 창에 옆구리가 찔리고 물과 피가 나온 상처가 무시되고 있다. 물과 피가 나온 것은 목숨이 끊어졌다는 실증적 증거이다. 피가 그 구성 성분으로 분리되었기 때문이다. 또 빌라도가 보낸 백부장의 증언이 있다. 이 백부장은 사망을 다루는 사람으로 이 사람이 하는 일은 사형집행관으로서 예수가 죽었다는 것을 알아보는 것이었다.

다음으로 수의라는 사실이 있다. 유대인들은 시신을 수의로 감싸고서 접힌 부분 사이에 향품 45킬로그램을 넣고서 미라처럼 시신을 봉했다. 머리도 감쌌다. 의학적 지식이 있는 사람들은 만일 예수께서 기절했다면 닫힌 무덤의 공기가 아니라 바깥 공기가 필요했다고 말한다. 분명한 것은 예수의 머리를 수의로 감싸고 그의 코와 입을 향품으로 덮지 말았어야 했다는 것이다. 게다가 그처럼 기절한 사람을 차가운 동굴 속에 넣어 두었다면 살아있었다고 해도 졸도를 하거나 심장 박동이 멈추었을 것이다.

이런 수의를 전혀 흐트러트리지 않은 채로 예수께서 수의에서 빠져나와서 무덤을 봉한 큰 바위까지 갔다고 가정해 보자. 그렇다면 예수께서는 십자가형에 사용되는 커다란 로마 대못이 박혔던 손으로 그 돌을 움직였어야 했을 것이다. 그 엄청나게 큰 바위 안쪽 평평한 곳에 손을 대고서 간단하게 바위를 굴려 버렸어야 했다. 복음서에 있는 헬라어는 바위가 오르막으로 굴러갔다는 것을 나타낸다. 사실 이것은 그 자체로 기적적인 위업이다. 그 다음에는 무장한 로마 파수꾼을 제압하고 그날 오후에 엠마오까지 22.5킬로미터를 걸어갔다가 돌아와야 했을 것이다. 그렇게 대못에 찔렸던 발을 자유롭게 풀어준 후 팔레스타인 북쪽 갈릴리까지 걸어가서 산에도 올라갈 몸을 만들 수 있었다!

부활을 믿지는 않았지만 '기절' 이론 같은 헛소리도 믿지 않은 유명한 비평학자 데이비드 스트라우스(David Strauss)는 이렇게 말했다. "무덤에서 막 빠져나온 사람이, 쇠약하고 아픈 반쯤 죽은 사람이, 의학적 처치를 받을 필요가 있었으며 붕대를 감고 체력을 보강하고 섬세한 간호가 필요하던 사람이, 마침내는 고통으로 쓰러졌던 사람이, 자기가 사망과 무덤을 이겼다는 인상을, 장차 제자들의 사역의 바탕이 될 자기가 생명의 왕이라는 인상을 제자들에게 준다는 것은 불가능한 일이다. 그런 모습으로 살아났다면 그가 생명과 사망에 대해서 제자들에게 심어 주었던 인상을 약화시키기만 했을 것이다."[5]

예수 그리스도의 승천을 생각해 보라. 그럭저럭 자신을 소생시켜서 무덤에서 빠져나온 사람이 하늘로 날아 올라갔는가? 그리스도의 승천은 제자들이 단언한 것이다. 아니면 우리는 제자들을 또 사기와 관련지어야 하는가? 그들이 그 후에 끔찍한 죽음에 자기 생명을 바친 것을 기억하라. 너무나 명백해서 아무도 전혀 반박할 수 없는 사실들을 살펴볼 때 그동안 제기된 모든 이론들은 먼지가 된다.

빈 무덤은 기독교의 지지자들뿐 아니라 적들도 인정했다. 로마 경비병이 인정했고, 산헤드린은 군인들에게 제자들이 예수의 시신을 훔쳐갔다고 말하라고 함으로써 암묵적으로 사실을 인정했다.

훌륭한 유대인 변증가인 트리포(Trypho)는 순교자 저스틴(Justin)과 나눈 대화에서 "예수라고 하는 갈릴리 사기꾼을 우리가 십자가형에 처했다. 그런데 십자가에서 내린 후 놓아둔 무덤에 밤에 제자들이 와 그를 훔쳐가고서 예수가 죽은 자들 가운데서 다시 살아났으며 하늘로 올라갔다는 주장으로 사람들을 속이고 있다"고 말한다.[6] 트리포조차도 제자들이 시신을 훔쳐갔다는, 지금은 아무도 믿지 않는 이론을 말하면서 무덤이 비어있다는 것을 인정한다.

온 세상의 문을 두드리신다

마지막으로 기독교인의 체험이라는 사실이 있다. 이 다시 살아나신 예수 그리스도는 온 세상 구석구석으로 가셨으며, 이 땅의 모든 나라, 모든 언어, 모든 부족에게 가셔서 인간들을 변화시키셨다. 셀 수 없이 많은 사람들이 예수 그리스도가 죽은 자들 가운데서 다시 살아나셨고 자기들의 삶에 들어오셔서 자기들을 변화시키시기 위해 오셨다는 것을 알게 되었다. 예수 그리스도께서는 "(나는) 곧 살아 있는 자라 내가 전에 죽었었노라 볼

지어다 이제 세세토록 살아 있어 …… 무릇 살아서 나를 믿는 자는 영원히 죽지 아니하리니"(계 1:18; 요 11:26)라고 말씀하시는 분이다.

지금도 그리스도께서는 우리 마음의 문을 두드리며 말씀하신다. "누구든지 내 음성을 듣고 문을 열면 내가 그에게로 들어가 그와 더불어 먹고 그는 나와 더불어 먹으리라"(계 3:20). 영혼의 실험실에서 그분을 체험적으로 알게 되지 않았다면, 우리는 이 세상에서도, 다음 세상에서도 아무 소망이 없다. 예수와 그의 부활이 인류의 유일한 소망이기 때문이다. 그것이 없다면 우리는 땅에 있는 검은 구덩이 외에는 기대할 것이 없다.

그리스도는 참으로 다시 살아나셨다! 그분은 자신이 말씀하신 것처럼 살아 계시며, 우리가 죄를 회개하고 우리를 위해 죽으시고 다시 살아나신 그분을 믿는다면 기꺼이 우리 마음에 오셔서 거하신다.

chapter 11

"종교재판, 전쟁! 기독교의 악영향을 생각해 보라고!"
내가 기독교를 믿는 이유

> 그런즉 누구든지 그리스도 안에 있으면 새로운 피조물이라 이전 것은 지나갔으니 보라 새 것이 되었도다(고후 5:17).

나는 그저 그리스도와 성경을 믿는 것으로는 충분하다고 믿지 않는다. 기독교가 인류에게 큰 혜택이었다고, 즉 기독교가 인류에게 유익한 영향을 미쳤다고 믿는 것도 필요하다. 모든 사람이 이 주장에 동의하는 것은 아니다. 예를 들어 매덜린 머레이 오헤어(Madalyn Murray O'Hair)는 기독교에서는 선한 것이 전혀 나온 적이 없다고 당당히 말했다. 만일 기독교가 전혀 선을 행하지 않았고, 선한 것을 낳지 않았다면 우리는 아무것도 고려하지 말고 기독교를 거부해야 한다. 그리스도도 "그들의 열매로 그들을 알지니"(마 7:16)라고 가르치셨다.

기독교 비난에 대한 진실

기독교 신앙의 사실과 열매는 무엇인가? 기독교는 인류가 부패하고 타락했으며 죄가 가득하고, 가장 위대한 성자라도 정결하지 못하며 죄가 많다고 가르친다. 우선 우리가 이 보배를 질그릇 속에 갖고 있으며, 예수 그리스도를 따르는 사람들 중에 예수 그리스도를 자기 삶에서 완벽하게 반영한 사람은 아무도 없었다는 것을 잊지 말아야 한다.

또 우리는 기독교가 진정한 기독교인이 하지 않은 일 때문에 종종 비난을 받아왔다는 것과, 기독교인이라고 주장한 이들이 반드시 기독교 신앙을 갖고 있지는 않다는 것도 기억해야 한다. 예를 들어서 기독교에 반대하여 제기할 수 있는 가장 어두운 얼룩과 비난은 스페인 종교재판일 것이다. 나는 결코 그것을 변호하려고 하지 않겠다. 그 일은 진심으로 통탄할 만한 일이었고, 잔인함과 악랄함의 극악무도한 서사시였다. 그 일은 본질상 악마적이었다.

이 일은 기독교인들이 비기독교인들을 박해한 것인가? 정반대였다. 나는 종교재판을 한 일파의 구성원들은 기독교인이 아니었음을 분명하게 확신한다. 그들은 예수 그리스도의 복음이 완전히 망각되고, 그리스도께서 말씀하신 신앙과 닮은 부분이 조금도 없을 정도로 왜곡된 암흑시대에 살고 있었다. 종교 재판의 희생자들은 많은 경우에 그리스도의 역사적인 복음이 무엇인지 깨닫고, 그 시대 교황의 미신적 행위를 거부한 복음적인 프로테스탄트 기독교인들이었다. 이들이 그 무시무시한 고문에 노출된 사람들이었다.

에드거 앨런 포(Edgar Allen Poe)가 쓴 〈저승과 진자 The Pit and the Pendulum〉는 로마 교회가 어느 영국인 프로테스탄트에게 온갖 고문을 하는 스페인 종교재판에 대한 묘사이다. 종교재판에 대한 진실은 재판의 주도자들이 거짓 기독교인이었다는 것이며, 이름만 기독교인이었던 사람들이 진짜 기독교인들을 박해했다는 것이다. 종교 재판을 신랄하게 비난하는 것은 기독교에 대한 진정한 공격이 아니다. 기독교인이라면 다른 기독교인을 절대로 고문하지 않을 것이기 때문이다.

기독교의 놀라운 전파

기독교가 이룬 것은 무엇인가? 첫째, 우리는 기독교가 세상에 나온 이후로 세계적인 세력이 되었다는 것에 주목해야 한다. 1980년에 기독교인의 수는 기독교 다음으로 큰 종교의 거의 3배였다. 기독교가 세상을 지으신 창조주 하나님이라고 주장되는 나사렛의 어느 목수의 죽음에 대한 선포라는 것을 생각하면, 이것은 일어날 가능성이 희박한 일이 일어난 것이다.

오늘날 유럽이나 미국의 도시에 선교사들이 나타나서, 이름이 알려지지 않은 어느 농부가 최근에 페르시아에서 사형을 당했으며 죽은 자들 가운데서 다시 살아났다는 소문이 났고, 그가 우주의 영원한 창조주라고 선언했다고 말하고 다닌다고 가정해 보라. 이 선교사들이 그런 종교를 전파하면서 신자를 얻을 기회가 얼마나 있겠는가? 이 신앙이 전파되지 못할 가능성이 훨씬 높지 않은가? 그러나 사도들이 로마 제국에서 바로 그러한 일을 했다. 그것만으로도 놀라운 일인데, 더 나아가 사도들은 그 이방 종교의 제국을 뒤엎는 데 성공했다.

이러한 위업은 이 터무니없고 믿기 힘든 선포 속에 초자연적인 힘이 내재되어 있었다는 것이 틀림없다는 것을 입증할 뿐이다. 그것은 정말로 하나님의 영의 능력이었으며, 그분이 불가항력적인 힘으로 강림하셔서 그분 편이 되게 하시고자 하신 사람들을 그분 편이 되게 하신 것이다.

기독교는 일어날 수 있는 모든 반대와 박해에 맞서서 계속 자라고 번성했다. 기독교를 타도하고 로마의 이방 종교를 다시 세우려던 배교자 율리아누스도 전혀 성공하지 못했다. 기독교에 대한 율리아누스의 맹렬한 공격이 최고조에 달했을 때, 황제를 따르던 사람 가운데 하나가 어느 기독교인에게 말했다. "당신네 목수의 아들은 지금 뭘 하고 있답니까?" 그 기독교인은 이렇게 답했다. "당신네 황제를 위해서 관을 만들고 계시지요." 이 일이 있은 지 얼마 되지 않아 율리아누스는 전투에서 치명적인 부상을 입고서 땅에 쓰러져서, 자기 피가 엉겨 붙은 모래를 움켜잡아 하늘로 뿌리면서 부르짖었다. "오, 갈릴리 사람이여, 당신이 이겼소." 그리고 기독교는 더 급격하게 진전했다.

갓 태어난 기독교 신앙을 세상에서 제거해 버리기 위해 사탄이 조종하는 악마적인 고문의 물결이 로마제국을 휩쓸었다. 그러나 순교자들의 피는 교회의 씨앗이 되었고, 그리스도는 승리하시며 그분의 길을 계속 가셨다. 곧 기독교가 로마의 왕좌를 차지했으며, 세상에 존재했던 가장 강력한 제국이 갈릴리 목수의 복음 앞에서 무너졌다. 이방 세계를 개선시키려는 복음의 사역도 시작되었다.

세상을 향한 선과 자비의 메시지

오늘날 표면상으로는 기독교적인 환경에서 기독교 윤리와 더불어 살고 있으면서 자기가 나사렛 예수께 얼마나 빚지고 있는지 실감하지 못하는 사람들이 많다. 나사렛 예수께서 태어나신 세상은 지금 우리가 사는 세상과는 완전히 달랐으며, 그분이 오시지 않았다면 세상은 오늘날과는 완전히 다른 곳이 되었을 것이다. 이 세상에 있는 참된 선과 자비의 대부분은 그분에게 온 것이다.

검투사의 결투를 생각해 보라. 해마다 로마의 노예 수십 만 명이 로마 군중의 삐뚤어진 욕망을 만족시키기 위해 원형 경기장에서 피를 흘렸다. 어느 날 텔레마코스라는 이름으로 알려진 한 기독교인이 원형 경기장으로 뛰어 들어가서 무장한 검투사 두 명 사이를 떼어 놓았다. 황제의 신호를 받은 검투사들은 텔레마코스를 칼로 찔러서 땅에 쓰러뜨렸다. 하지만 텔레마코스는 자기 생명을 희생시킴으로써 다른 수만 명의 생명을 살렸다. 군중은 환성을 지르지 않았다. 군중은 피에 젖은 채로 죽어 있는 이 거룩한 남자를 바라보았고, 넓은 원형 경기장에는 정적이 감돌았다. 사람들은 부끄러워하며 그곳을 떠났고, 그것이 로마에서 있었던 마지막 검투 공연이었다. 예수 그리스도께서는 모든 생명에 가치와 의미를 부여하셨다. "너희는 이것들보다 귀하지 아니하냐."

오늘날에는 어린이를 사랑하고 좋아한다. 하지만 기독교 이전 시대에는 그렇지 않았다. 로마에서 자기 자녀에 대한 아버지의 권력은 절대적이었다. 아버지는 자기 자녀를 죽음에 몰아넣을 수 있었다. 아버지는 자기 자녀를 매질할 수 있었고, 팔다리를 절단하여 불구자로 만들 수 있었고, 결혼시키거나 이혼시킬 수 있었으며, 노예로 팔 수 있었고, 자기 자신의 피에 대한 욕망을 만족시키기 위해 죽일 수도 있었다.

퀸틸리아누스라는 로마 작가는 로마인들 사이에서 남자를 죽이는 것은 흔히 범죄라고 평가되었지만, 자기 자녀들을 죽이는 것은 아름다운 행위로 간주되는 경우도 있었다고 말한다. 로마의 작가 타키투스는 갓난아이들이 태어난 첫날에 산기슭에 버려져 들짐승들에게 먹히거나, 이 아이들을 잡아가서 훨씬 더 괴팍하고 끔찍한 운명에 이용하려고 어둠 속에서 돌아다니는 기괴한 사람들에 대해 이야기한다. 예수 그리스도는 어린 아이를 팔에 안고 축복하셨으며, 유아 살해가 세상에서 사라지기 시작했다.

그 당시 여자들의 지위는 어떠했는가? 이교 세계에서 여자들의 상황은 아이들만큼이나 형편없었다. 여인들은 예수께서 오실 때까지 거의 존중을 받지 못했다. 힌두교의 글인 바라문의 글들을 보면 여자는 자립할 수 않으며, 여자들은 힌두교 경전과 상관이 없고, 죄 많은 여자들은 거짓 그 자체만큼 불결하다고 말한다.

성경을 반대하는 강연을 했던 유명한 회의론자인 로버트 인거솔(Robert Ingersoll)은 한 번은 여자들이 기독교 나라들에 있는 것보다 이교도 나라에 있는 편이 더 낫다는 무모한 말을 했다.

이교도 나라에 있는 여자들의 지위를 생각해 보라. 여행가 카메론(Cameron)은 아프리카의 중심부에서 추장의 죽음과 그에 따른 관습을 목격했다. 먼저 부족원들은 강의 흐름을 돌리고 강바닥에 아주 큰 구덩이를 파서 바닥에 살아 있는 여자들을 깔았다. 구덩이 한쪽 끝에는 여자 한 명이 손과 무릎을 대고 엎드렸고, 그 여자의 등 위에 죽은 추장이 구슬과 보석으로 덮여서 아내들 중 한 명이 붙잡은 채 가운데 놓여 졌다. 그 사이 둘째 아내는 추장의 발쪽에 앉았다. 그리고는 그들 위로 흙을 퍼 넣었고, 둘째 아내를 제외한 모든 여자들이 살아 있는 채로 매장되었다. 그나마 둘째 부인은 매장되기 전에 죽임을 당하는 특권을 누릴 수 있었다. 아내를 순장하는 인도의 기괴한 풍습도 생각해 보라. 남편이 죽으면 아내는 남편의 시체와 함께 산 채로 매장되었다.

고대 세계에서 노예의 처지는 훨씬 더 나빴다. 로마 제국의 전체 인구의 반은 노예였다. 아테네의 주민은 40만 명이었는데, 그 중 10만 명이 자유인이었고, 30만 명은 노예였다. 고대 세계의 노예 제도는 현대의 노예 제도가 보여 준 그 어떠한 것보다 훨씬 더 잔인했다. 어느 로마인은 사람 한 명을 죽인 것 때문에 노예 600명을 사형에 처했다. 또 다른 로마인 주인은 한 번도 사람이 죽는 것을 본 적이 없는 손님을 즐겁게 해 주기 위해 노예를 죽이기도 했다.

고대 노예 제도를 종식시킨 것은 무엇인가? 예수 그리스도의 복음이었다! 사도 바울이 빌레몬에게 쓴 짧은 편지였다. 한 도망 노예가 사도 바울과 함께 로마 감옥에 투옥되었고, 바울은 그를 회심시켰다. 석방된 후에 바울은 그를 빌레몬에게 돌려보냈다. 도망친 노예가 다시 잡히면 죽이는 것이 당시 풍습이었다. 빌레몬도 사도 바울이 회심시켜 기독교인이 되어 있었다. 바울은 빌레몬에게 이렇게 말했다. "이후로는 종과 같이 대하지 아니하고 종 이상으로 곧 사랑 받는 형제로 둘 자라…… 그를 영접하기를 내게 하듯 하고"(빌 1:16-17). 이렇게 로마 세계 전역에서 생성된 예수 그리스도 안에서의 새로운 형제애 속에서 노예 제도는 폐지되었다.

1517년 프로테스탄트 종교개혁이 일어나기 일 년 전에, 스페인과 포르투갈이 노예 제도를 부활시켰다. 새롭게 발견된 아프리카 흑인을 노예로 삼은 것이다. 이 노예 제도에 무슨 일이 일어났는가?

웨슬리(Wesley)의 설교를 듣고서 회심한 윌리엄 윌버포스(William Wilberforce)로 말미암아 영국에서 가장 먼저 노예 제도가 폐지되었다. 키 작은 꼽추였던 윌버포스는 영국의 모든 수상 가운데 가장 영향력이 강한 사람 중 하나가 되었다. 그리스도의 복음과 예수 그리스도께서 가져오신 자유에 사로잡힌 윌버포스는 자신의 모든 열정과 연설 능력을 역겨운 아프리카 노예무역을 타도하는 데 바쳤다.

윌버포스가 대영제국 전역에서 노예 제도를 폐지하는 데 성공함으로 인해 미국에서도 노예 제도 폐지를 찬성하는 운동이 일어났다. 북부의 설교단들에서 강력하게 노예 해방 메시지를 선포함으로써 노예 제도 폐지론 단체들이 생겼고, 마침내 미국에서 노예 제도가 없어졌다.

선교사들의 업적

아마 인류 역사의 연대기에서 기독교 선교사들이 성취해 온 일과 비교할 일은 아무것도 찾지 못할 것이다. 세계일주 여행을 마치고 고국으로 돌아온 한 영국 작가가 런던의 신문이 선교단체와 선교사들에게 비난을 퍼붓고 있는 것을 발견했다. 그래서 그 작가는 신문사에 선교단체를 옹호하는 편지를 썼다. 그는 남태평양의 섬들에서 사나운 야만인들의 변화는 주시할 만한 것이었으며, 그것을 가볍게 여기는 것은 극악무도한 범죄라고 말했다. "여행자가 이러한 일들을 잊는 것은 기본적인 기량이 부족한 것이다. 미지의 해안에서 조난을 당하게 된다면 여행자는 선교사의 가르침이 자기보다 먼저 그 섬에 도착해 있기를 열렬히 기도할 것이기 때문이다."[1]

이 편지를 쓴 사람은 찰스 다윈(Charles Darwin)이었다. 세계일주 여행에서 돌아온 후에 다윈은 변화되었다. 선교사들이 그 섬에 왔었느냐 안 왔었느냐가 아마도 그가 저녁 식사에 초대를 받느냐, 아니면 저녁 식사가 되느냐를 결정할 것이기 때문이다.

어떤 진화론자들은 오스트레일리아의 토착 부족 중 하나인 파푸아 사람이 너무나 원시적이어서 까마귀보다도 생각이 모자란다고 생각했다. 그런데 네덜란드 선교사들이 파푸아 사람들과 함께 일하기 시작했다. 여러 해 동안 선교사들은 실패하고 낙심했다. 단 한 명도 그리스도를 영접하지 않았기 때문이다. 마침내 1860년에 나다니엘 펩퍼라는 파푸아 원주민 한 명이 예수 그리스도를 영접하여, 뉴 홀랜드 선교회는 첫 열매를 보게 되었다. 몇 년 후 수천 명이 회심했을 때, 파푸아인의 학교가 뉴 홀랜드에 있는 1200개의 식민지 학교 간 학업 경쟁에서 일등상을 받았다. 까마귀보다 못한 머리를 가진 사람들에게는 실로 대단한 일이었다!

회의론자들이 미개인들을 위해 한 일은 거의 없다. 회의론자들이 세운 나병요양소나 병원이나 고아원은 거의 없다. 인류 사회에서 버림받은 사람들을 돌보는 일은 예수 그리스도의 제자들 몫이었다.

국가관의 변화

기독교는 세상에 해방과 자유를 가져 왔

다. 모든 고대 국가에서는 국가가 최고의 권력이었으며, 개인은 전혀 중요하지 않았다. 개인의 유일한 의미는 국가를 섬기는 것이었다. 현대에 (공산주의 국가들에서처럼) 그리스도의 복음이 추방되고 무신론이 다시 군림하는 곳에서는 고대 이방종교의 동일한 교리가 다시 시행되고 있다. 그러나 그리스도의 영이 계신 곳에는 자유가 있으며, 예수는 개인들에게 가치를 주셨다.

하나님의 아들이 하늘에서 오셔서 나를 위해, 당신을 위해, 다른 모든 이들을 위해 자신의 생명을 주셨다. 모든 사람들은 자신의 가치를, 그리고 자유에 대한 욕구를 느낀다. 복음은 가는 곳마다 독재정치를 종식시키고 자유를 일으켰다. 특히 전제정치를 전복시키고 예배의 자유를 수립하는 데에서 주목할 만한 것은 개혁 신앙, 즉 칼빈주의라고 알려진 기독교의 형태이다. 자유와 해방을 지향하는 힘의 놀라운 원천인 칼빈주의로 인해 스위스, 영국, 스코틀랜드, 미국, 그 밖의 많은 나라에서 많은 공화국, 입헌군주국, 민주국가가 생겼다.

신대륙 최초의 문서인 메이플라워 서약서는 이렇게 시작한다. "하나님의 영광과 기독교 신앙의 진보를 위해 약속을 하고……." 나는 미국이 이 처음 의도에서 아주 멀리 벗어났다는 생각이 든다. 미국의 여러 식민지 설립의 틀이 되었던 다양한 문서들을 생각해 보라.

1638년 로드아일랜드 문서에는 이런 내용이 있다. "이곳에 이름이 적힌 우리는 여호와 앞에서 엄숙하게 정치 단체를 조직한다. 여호와의 도우심 아래 우리 개인과 목숨과 재산을 만왕의 왕이며 만주의 주이신 우리 주 예수 그리스도께 맡길 것이다. 그리고 거룩한 진리의 말씀으로 하나님이 주신 완벽하고 가장 절대적인 모든 법을 따르고 그 법에 따라 재판할 것이다." 성경을 국가에서 떼어놓기를 바라는 사람들은 미국 초창기의 많은 주(州)들의 헌장에서 성경을 제거해 버려야 할 것이다. 자유는 기독교의 선물 가운데 하나다.

자유를 주고 부패를 막는 힘

　　　　　　　　　나는 기독교 신앙이 오늘날 세상에서 자유가 완전히 사라지는 것을 막는 유일한 힘이라고 믿는다. 공산주의는 그리스도의 교회가 가장 화해할 수 없는 적이라는 것을 인지했다. 그래서 콤소몰(Comsomol, 세계 청년 공산당 운동)의 10대 지령 중에 첫째 지령은 공산주의의 첫째 원수는 기독교의 목사라고 말한다.

　한국군의 최고 사령관은 북한 사람들이 신약성경이라고 불리는 작고 검은 책을 엄청나게 두려워한다는 것을 알았다. 그래서 자기 자신은 불교 신자였지만, 모든 한국군 장병들에게 신약성경을 나누어 주라고 명령을 내렸다. 그 결과 군인 수십만 명이 예수 그리스도께 돌아오는 엄청난 대각성이 일어났다. 그리스도의 복음은 세상이 완전히 부패하는 것을 막는 소금이다. 믿는 사람들은 그 복음을 마음속에 소중히 간직하고 있다.

미국인들이 모두 진정으로 예수 그리스도께 돌아온다는 것은 무엇을 의미할까? 단순히 교회의 일원이 되는 것이 아니라 하나님의 거듭난 자녀가 된다면 어떤 일이 일어날까? "그런즉 누구든지 그리스도 안에 있으면 새로운 피조물이라 이전 것은 지나갔으니 보라 새 것이 되었도다"(고후 5:17).

감옥이 비게 될 것이다. 법정이 문을 닫을 것이다. 술집이 폐업할 것이다. 음란물 가게와 극장이 할 일이 없어질 것이다. 가정에 경보장치가 필요 없을 것이며, 문도 잠글 필요 없을 것이다. 진정한 기독교인, 즉 다시 태어난 사람들은 도둑질이나 살인이나 강간이나 그 외 오늘날 이 땅에서 살아가기 힘들게 하는 수천 가지 일들을 저지르지 않기 때문이다.

백 년 전쯤에 극서부 지방(미국 로키 산맥 서쪽 태평양 연안 일대)에서 무신론자 두 명이 어둠이 내릴 무렵에 폭풍우 속에서 여행을 하고 있었다. 폭풍우를 피할 곳이 절실하게 필요하던 차에 다행히 황야에서 오두막 하나를 발견했다. 얼굴이 햇볕에 그을린 반백의 산사람인 오두막 주인은 친절하게도 방 두 개 중에 하나를 그들에게 내 주었다. 잠자리에 들 때, 두 무신론자는 서로 이야기했다. "분명 저 사람은 우리가 잠들었을 때 습격해서 우리를 죽이고 귀중품들을 모두 빼앗을 거야. 그러니 둘 중 한 명은 밤새 망을 보자고." 그래서 한 사람이 망을 보기 시작했고 다른 사람은 누워서 자기로 했다. 문틈으로 엿보던 사람은 노인이 선반에서 낡은 성경책을 꺼내 펼친 후 안경을 쓰고서 읽기 시작하는 것을 보았다. 그 사람이 자리에 돌아와 눕자 친구가 말했다. "누군가는 저 노인을 감시해야 한다고 생각하는데." 그러자 돌아온 친구가 대답했다. "성경을 읽는 사람은 두려워할 필요가 없어." 이것이 얼마나 진리인지!

세상을 바꾸는 기독교인들

발전도 기독교의 결과물이다. 과학의 발전이라는 개념을 완전히 막아 버리는 운명론을 믿는 이슬람 문화에서는 과학이 시작될 수 없었을 것이다. 물리적인 세계는 진짜가 아니라고 믿는 불교도나 힌두교도 사이에서 시작될 수도 없었을 것이다.

기독교에서만 교육이 세상에 도입되었다. 나는 1900년 무렵 나라별로 문해율(문자를 읽고 쓸 수 있는 능력의 비율 - 옮긴이 주)에 대한 목록을 읽은 것이 생각난다. 당시는 미국과 유럽의 서구 문명이, 도쿄와

뉴욕이 거의 달라 보이지 않는 오늘날처럼 전 세계를 온통 더럽히지는 않은 때였다. 각 문명에는 각자의 고유한 문화가 나타나던 때였다. 그 결과가 어떠했을까?

'이교도'라고 불릴 모든 나라에서 문해율은 0-20퍼센트였다. 스페인, 이탈리아, 멕시코처럼 로마 가톨릭 국가로 분류될 수 있는 나라들의 문해율은 40-60퍼센트 사이였다. 개신교 국가 범주에 들 수 있는 모든 나라들의 문해율은 96-100퍼센트였다. 왜 그랬을까? 그들에게는 하나님의 말씀에 대한 믿음이 있었기 때문이며, 또 아이들이 하나님의 말씀을 읽을 수 있도록 글자를 가르칠 필요가 있었기 때문이다.

누가 빈민가로 들어가서 버림받은 사람들을 구해 주었는가? 도시선교회, YMCA, 정착선교회였다. 기독교인들만 그런 사람들을 위해 자신을 바쳤다. 오늘날 야만인과 같이 하나님을 모르는 사람들이 다시 증가하고 성경이 미국을 비롯해 세계의 많은 곳에서 제거되면서 우리는 부패와 타락이 다시 퍼지기 시작하는 것을 본다.

당신과 나는 이 땅의 소금이다. 우리는 이 소금이 소금그릇에서 나와서 사회의 생명과 건강과 도덕을 보존하게 해야 한다. 이 중요한 시기에 내가 예수 그리스도의 교회와 영원히 존재할 나라의 한 부분이 되었다는 것이 매우 기쁘다. 예수 그리스도께서 오셨으며, 죽으셨다. 그리고 예수 그리스도를 믿을 사람들에게, 예수 그리스도께서 자신들을 구원하시기 위해 죽으셨다는 것을 믿을 사람들에게 그들 자신이 변화되고, 새롭게 되고, 사회의 방부제와 인류의 미래의 유일한 소망이 될 것을 약속하셨다.

chapter 12

"새롭게 되었다니 우리랑 뭐가 다르단 거야?"
내가 거듭남을 믿는 이유

진실로 진실로 네게 이르노니 사람이 거듭나지 아니하면
하나님의 나라를 볼 수 없느니라(요 3:3).

유명한 영국성공회 목사인 조지 휫필드(George Whitefeild)는 존 웨슬리(John Wesley)와 찰스 웨슬리(Charles Wesley)와 더불어 영국의 변혁과 미국의 대각성에서 큰 책임을 맡았던 사람이다. 휫필드의 설교를 듣기 좋아하던 벤저민 프랭클린(Benjamin Franklin)에게 쓴 편지에서 휫필드는 이렇게 말했다. "당신이 학계에서 점점 더 유명해지고 있다는 것을 알기에 저는 당신에게 거듭남의 신비에 대해 더 부지런히, 편견 없이 연구할 것을 권합니다. 그것은 가장 중요한 연구이며, 완전히 통달하면 당신의 모든 고통에 풍성히 답해 줄 것입니다. 우리 둘 다 머지않아 하나님의 법정에

출두할 것인데, 하나님께서는 거듭남이 없다면 아무리 지혜로운 사람이라도 하나님의 나라를 볼 수 없다고 엄숙하게 선언하셨다는 것을 기억하십시오."[1] 세계 역사에서 지혜로운 사람으로 주목받았던 사람에게 매우 지혜로운 충고를 한 것이다. 그러나 프랭클린이 이 말에 주의를 기울였다는 증거를 역사에서 전혀 볼 수가 없다.

거듭남을 믿는 이유

예수 그리스도께서는 "너는 거듭나야 한다"고 말씀하셨다(요 3:7). 이것이 내가 거듭남을 믿는 첫째 이유이다. 예수 그리스도께서 말씀하셨기 때문이다. 예수 그리스도께서 거듭남을 담대하게, 긴급하게 선언하셨고 단언하셨다. "사람이 거듭나지 아니하면 하나님의 나라를 볼 수 없느니라"(요 3:3). 그러므로 나는 휫필드처럼 엄숙하고 진지하게 당신의 마음과 생각과 양심에 이 질문에 답하기를 촉구한다. 당신은 거듭났는가?

예수 그리스도께서는 거듭나지 않았다면 천국에 들어가지 못할 뿐 아니라 천국을 보지도 못한다고 말씀하신다. 무엇을 "해야 한다"는 것은 왕이 하는 말인데, 그리스도는 만왕의 왕이시며, 하나님 나라의 왕이시다. 그리고 이렇게 말씀하신다. "너는 거듭나야 한다."

이것을 신학적인 교리로 '중생(regeneration)'이라고 부른다. 성경

전체의 메시지는 세 단어로 요약될 수 있다. 창조(creation)[또는 발생(generation)]와 타락(degeneration)과 중생(regeneration)이다. 이것이 성경의 처음부터 끝까지 나오는 메시지이다. 하나님은 인간을 완벽하게 만드셨는데(창조), 인간이 죄에 빠졌으며(타락), 예수 그리스도의 복음을 통해 역사하시는 성령의 능력에 의해 다시 하나님의 형상으로 창조되어야 한다(중생).

둘째로 내가 거듭남을 믿는 이유는, 그리스도께서 거듭남을 가르치셨을 뿐 아니라 신구약 성경 어디에서나 거듭남을 하나의 사실로, 또 필수적인 것으로 일관되게 가르치기 때문이다. 우리는 물과 성경으로 거듭나야 한다는 말을 들었다. 거듭남은 살리는 것으로 표현된다. "그는 허물과 죄로 죽었던 너희를 살리셨도다"(엡 2:1).

거듭남이란 무엇인가?

거듭남은 죽음에서 생명으로 옮겨가는 것이다. 죽은 자들 가운데서 부활하는 것이다. 다시 시작하는 것이다. 낳는 것이다. 하나님에게서 태어나는 것이다. 썩을 수 있는 씨가 아니라 하나님의 말씀이라는 썩지 않는 씨에서 다시 태어나는 것이다. 산 소망으로 다시 태어나는 것이다. 중생의 씻음과 성령의 새롭게 하심이다.

구약 성경에서는 거듭남을 마음의 할례라고 일컫는다. "네 하나님 여호와께서 네 마음과 네 자손의 마음에 할례를 베푸사 너로 마음을 다하며 뜻을 다하여 네 하나님 여호와를 사랑하게 하사 너로 생명을 얻게 하실 것이며"(신 30:6). 신약 성경에서는 "만일 누구든지 주를 사랑하지 아니하면, 아나테마(Anathema), 마라나타(Maranatha)"(고전 16:22)라고 말한다.

여기에는 '아나테마'와 '마라나타'라는 아람어 단어가 사용되었는데 이 단어들을 해석하면, 주를 성실하게 사랑하지 않는다면 "주가 오실 때까지 저주를 받을지어다"라는 뜻이다. 종교적 열심, 경건함, 도덕성으로는 충분치 않다. 변화된 마음으로 진리 안에서 마음과 뜻을 다하여 하나님을 사랑하지 않는다면 우리는 하나님을 보지 못할 것이며 살지 못할 것이다.

더 나아가 에스겔 36장 26절에서 구약 성경은 중생을 새로운 마음을 주시는 것으로 서술한다. "또 새 영을 너희 속에 두고 새 마음을 너희에게 주되 너희 육신에서 굳은 마음을 제거하고 부드러운 마음을 줄 것이며." 이 새 마음은 우리 하나님을 사랑하도록 만들어진 마음이다.

중생한 백성은 죽은 자들 가운데 살아서 하나님의 솜씨인 새로운 피조물이 된다. "그런즉 누구든지 그리스도 안에 있으면 새로운 피조물이라 이전 것은 지나갔으니 보라 새 것이 되었도다"(고후 5:17). 뱀이 허물을 벗는 순간에 완전히 새롭게 되는 것처럼, 영적으로 죽어서 태어난 사람이 옛 생활을 벗어 버리고 새로운 피조물이 되는 것이 중생이다.

거듭남에 대한 고민

이 교리는 수많은 사람들의 머리를 아프게 했다. 그들은 밤에 중생에 대해 곰곰이 생각했다. 침대에 누워서 그것이 사실인지, 자신이 새로운 사람이 되는 것이 가능한지 생각했다. 성경은 중생이 가능할 뿐 아니라 절대적으로 필요하다고 단언한다. 그리스도께서 중생을 가르치셨고, 성경이 중생을 선언하며, 그리스도의 역사적인 교회의 모든 신조가 중생을 단언한다. 중생을 어디에서나 가르친다.

전체 장로교계의 교리서인 웨스트민스터 신앙 고백은 하나님의 말씀을 들음에 의해, 그리고 성령의 활동에 의해 사람 안에서 역사하게 되는 진정한 믿음이 그를 중생시키고 새 사람으로 만들어서 새로운 삶을 살게 하며 죄의 속박에서 해방시킨다고 선언한다. 장로교 교인이든, 개혁파 교인이든, 영국 성공회 교인이든, 루터파 교인이든, 침례교 교인이든, 회중교회 교인이든 상관없다. 교회의 모든 상징과 신조와 의식(儀式)은 사람이 반드시 거듭나야 한다는 것을 분명하게 선언한다.

우리는 성탄절에 부르는 찬송가에서도 이 선언을 듣는다. 이것은 특히 "오 베들레헴 작은 골"이라는 찬송가에 강조되어 있다. "오늘 우리 안에 탄생하시길"이라는 찬송가나 찰스 웨슬리의 "천사 찬송하기를"에 나오는, 그리스도께서 "우리를 거듭나게 하시려고" 오셨다는 가사는 우리에게 익숙하다. 그러나 엄청나게 많은 사람들이 자기들이 무슨 노래를 하고 있는지를 모르는 채 이 찬양을 불러 왔다.

위대한 설교자 찰스 스펄전(Charles Spurgeon)은 말이 천문학을 이해하지 못하듯 자연인(중생하지 않은 사람)은 거듭나는 것을 이해하지 못하고 영적인 일들을 이해하지 못한다고 말했다. 말에게 천문학을 가르치려고 하는 것을 상상해 보라! 우리가 하나님의 영으로 태어나지 않은 사람에게 영적인 일의 의미를 가르치려고 하는 편이 그보다 쉬워 보인다. 그러나 성경은 이렇게 말한다. "육에 속한 사람은 하나님의 성령의 일들을 받지 아니하나니 이는 그것들이 그에게는 어리석게 보임이요, 또 그는 그것들을 알 수도 없나니 그러한 일은 영적으로 분별되기 때문이라"(고전 2:14).

이것은 자연에서도 뱀이 허물을 벗는 것에서, 더 극적으로는 애벌레의 변태에서 배울 수 있다. 애벌레는 땅과 나뭇잎 위로 기어가서 어두운 고치 속에 자신을 감싸고, 마침내는 번데기 속에서 나와 아름다운 나비가 되어서 산들바람 속을 떠다니고 꽃들 위에 가볍게 앉는다. 애벌레가 그 법칙을, 그 원리를, 자기가 언젠가는 시작하게 될 삶을 이해할 수 없는 것처럼, 중생하지 않은 마음(자연인)은 영적인 사람이 된다는 것이 무엇인지 이해할 수 없다. 그래서 나는 다시 묻겠다. 당신은 새롭게 거듭났는가?

변화를 이끄는 새로운 생명

모든 신학, 사전, 역사적인 신학 작업의 개론서에서도 중생을 가르친다. 인간이 중생이라는 사실을 경험하는 것이 절대적으로 필요하다는 것을 수세기 동안 신학자 수천 명이 가르쳐 왔다.

중생을 모든 면에서 분명하게 가르쳤을 뿐 아니라, 중생의 증거 역시 일부러 눈을 가리지 않는 한 분명하게 볼 수 있다. 2천 년에 걸친 시간에 다양한 처지에 있던 셀 수 없이 많은 사람들이 중생이라는 이 변화시키는 능력을 체험했다. 그들은 마음이 새로워진 피조물이 되었고, 가장 깊은 부분까지 변화되었다. 모든 유형의 사람들이, 즉 위대한 사람들과 능력 있는 사람들, 비열한 사람들과 하충민들, 귀족들과 천민들, 미개인들과 지식인들이 모두 중생시키시는 하나님의 능력을 경험했으며, 그 후로는 그리스도 안에서 동일한 새 생명을 누렸다.

3세기에 살았던 부유한 귀족 키프리아누스(Cyprian)는 보석으로 장식한 황금 전차를 타고 카르타고에서 질주하는 것을 즐겼고, 다이아몬드와 보석 단추를 붙인 값비싼 옷을 입었으며, 방탕하게 살았다. 당시 키프리아누스는 어느 기독교 신학자에게 편지를 보내 너무 오래 그렇게 살아왔기 때문에 자신의 삶을 바꾸는 건 생각도 할 수 없다고 말했다. 뿌리 깊은 습관, 취향, 스스로 발전시켜온 욕망들, 마음에 움켜쥐고 있는 죄들을 과연 버릴 수 있을까? 자기가 보았던 기독교인들과 같이 될 수 있을까? 키프리아누스는 그것이 자기에게는 완전히 불가능한 일로 보인다고 말했다.

그러나 그 완전히 불가능해 보이던 일이 하나님의 신비한 섭리 가운데 일어나서 키프리아누스가 변화되었다. 하나님이 하늘에서 손을 뻗으셔서 키프리아누스의 가슴에서 굳은 마음을 꺼내시고 하나님을 사랑하고 찬양하도록 조율된 부드러운 마음을 넣어주셨다. 키프리아누스는 초대교회의 위대한 기독교 지도자가 되었는데, 전에는 완전히 불가능해 보이고 신비해 보이고 이해하기 어려워 보이던 일이 모두 분명해졌다고 말했다. 그의 모든 문제가 사라졌다.[2]

날아가기라는 문제에 대해 애벌레와 토론하는 것은 무엇과 같을까? 산들바람 속에서 날개를 파닥이는 것, 꽃 위에 가볍게 앉는 것, 하늘로 날아오르는 것이 애벌레에게는 완전히 불가능해 보일 것이다. 그 가련한 애벌레는 땅에서 1밀리미터도 뛰어오를 수 없지만, 하나님의 신비한 역사 가운데 모든 것이 새로워진다. 예전 것이 지나가고 새로운 창조가 일어나서 날아다니는 나비가 된다. 동일한 방법으로 하나님은 사람 안에 새로운 마음을 만드신다.

이것은 영국의 위대한 수상 가운데 하나이며 하나님이 그 삶을 변화시키신 윌리엄 글래드스턴(William Gladstone)과 같은 수많은 유명인들도 증언하는 바다. 링컨은 편지글에서 자기가 게티즈버그에서 유명한 연설을 하던 날 성령으로 거듭났다고 말한다. 루터는 니고데모보다도 훨씬 더 경건했지만 중생에 대해서는 전혀 몰랐다. 그러나 마침내 영혼이 변화되었다. 러시아의 표도르 도스토옙스키와 레오 톨스토이와 같은 작가들도 자기들의 삶을 완전히 변화시키신 성령의 역사를 서술했다. 베스트셀러 〈거듭남 Born Again〉의 저자 척 콜슨(Chuck Colsen)과, 전 상원의원이자 〈아이다그로브에서 온 남자 The Man from Ida Gove〉의 저자 해럴드 휴즈(Harold E. Huches)와 같은 사람들은 성령이 변화시키신 것에 대해 말했다. 정말로 애벌레와 같던 이들이 성령의 역사로 인해 날기 시작한 것이다.

당신은 거듭나야 한다

무엇보다도 내가 중생을 믿는 이유는 내가 중생을 경험했기 때문이다. 오늘날까지 내 친구들 중에는 24년 전에 내게 무슨 일이 있었는지 모르는 친구들도 있다. 한때 댄스 스튜디오를 운영하던 젊은이가 있었다. 그 젊은이의 마음과 열정은 전적으로 이 세상의 일에 매여 있었다.

그런데 갑자기 밤사이에 어떤 일이 일어났다. 새 사람이 태어났고 옛 사람이 죽었다. 한때는 너무나 바람직하고 강렬해 보이던 일들이 이제는 더러운 누더기처럼, 죽은 사람의 뼈처럼 아무 흥미가 없었다. 다른 일들, 하나님 나라의 일들, 보이지 않는 그러한 일들, 내 생각을 전혀 차지하지 못했고 내 마음이 장난으로라도 대한 적이 전혀 없던 영원한 일들이 내게 대단히 중요해졌다. 그러한 일들에 내 마음이 매이게 되었다.

예수께서 말씀하신 것처럼, 24년 전에 내게는 온전히 거듭나는 것 외에는 다른 해결책이 없었다. 당신은 거듭났는가? 당신도 알다시피 당신은 거듭나야 한다.

어느 교회에 부임한 설교자의 이야기가 생각난다. 그는 첫 주일에 '네가 거듭나야 하리라'는 성경 본문으로 설교를 했고 사람들은 귀를 기울였다. 그 다음 주일에 그가 다시 같은 본문으로 설교를 하자, 사람들은 어리둥절했다. 그 다음 주에도 그는 같은 본문으로 설교를 했다. 결국 제직 몇 명이 그에게 가서 말했다. "목사님, 왜 주일마다 '네가 거듭나야 하리라'는 똑같은 본문으로 설교를 하십니까?" 그가 대답했다. "여러분은 거듭나야 하기 때문입니다."

거듭나는 것은 당신이 이 세상에 머무르는 동안 해야 하는 유일한 일이다. 당신이 반드시 해야 하는 유일한 일이다. 당신이 꼭 잘 자라야 할 필요는 없다. 반드시 성공할 필요는 없다. 꼭 결혼할 필요도 없다. 자녀를 가져야 할 필요도 없다. 집이나 자동차, 사람들이 반드시 가져야 한다고 생각하는 모든 것들을 굳이 가질 필요는 없다. 당신이 가져야 할 유일한 것은 중생이다. 당신의 영원한 미래 전체가 중생에 달려 있기 때문이다.

당신은 거듭나야 한다. 그것은 하나님의 명령이기에 절대적인 명령이다. 사마리아 여자나 창녀나 도박꾼이나 하나님을 모독한 사람이 아닌, 바리새인이자 유대인의 지도자이던 남자가 이 말씀을 들었다는 것에 유의하라.

당시 산헤드린의 회원인 바리새인은 목사와 상원의원을 한데 합친 것과 같은 신분으로서 이스라엘의 엘리트였다. 특별히 경건한 사람이던 니고데모는 죄인들이 하는 일을 전혀 하지 않는 것으로 보이는, 결코 흠이 없는 사람이었을 것이다. 그러나 그런 니고데모에게 예수께서 말씀하셨다. "너는 거듭나야 한다."

그리스도께서는 우리가 장로교인이건, 감리교인이건, 영국성공회 교인이건, 회중교회주의자이건, 로마 가톨릭 교인이건 간에 거듭나지 않았다면 아무리 지혜로운 사람이라도 천국에 들어가지 못한다고 말씀하신다. 지금 우리는 이 말씀을 무시할지 모른다. 이 말씀을 많은 사람들이 무시해 왔고, 많은 사람들이 무시할 것이다. 하지만 예수 그리스도의 이 말씀은 하나님의 심판대 앞에 서게 되는 최후의 큰 심판날에 분명히 실현될 것이다.

아주 간단한 일이다. 하나님이 새로운 본성을 주신 사람들은 천국에 들어가는 것을 허락받겠지만, 그렇지 않은 사람들은 허락받지 못할 것이다. 육으로 난 것은 육이기 때문이다. 육신은 그 자신을 파괴하는 물질로 가득 차 있다. 죽음이 닥치자마자 육신에서 큰 무리의 침략자가 풀려나고 몇 시간 안에 육신이 부패하기 시작한다. 그래서 우리는 썩지 않도록 새롭게 태어나야 한다.

우리가 새롭게 태어나야 하는 이유는 우리가 이미 죽어 있었기 때문이다. 성경이 당신과 나와 이 세상의 모든 사람들이 죽은 채로 태어났다고, 영적으로는 사산아라고 분명하게 가르치기 때문이다. 우리는 생기를 띠고 있었지만, 허물과 죄로 죽었다. 물론 우리는 지적으로, 정서적으로, 심미적으로, 이성적으로, 육체적으로 살아 있다. 그러나 영적으로는 죽은 채로 태어났고, 우리 안에는 죽어서 썩고 냄새나는 영혼이 있다. 하나님은 우리가 하나님 코에 악취라고, 그래서 하나님이 오셔서 생명을 주시는 손가락으로 우리 영혼을 만지셔서 우리를 다시 새롭게 하셔야 한다고 말씀하신다.

중생의 필요성을 강조하기 위해 과거의 위대한 신학자들 다수가 거듭해서 말해온 영적인 원리가 하나 있다. 성경이 제2의 탄생이 있다는 것을 가르칠 뿐 아니라 우리가 겪을 육신의 죽음 외에 제2의 죽음이 있다는 것도 가르친다는 것이다. 어린 양의 생명책에서 이름을 찾을 수 없는 사람은 불못에 던져질 것이다. 이것이 제2의 죽음이다! 영원한 형벌을 선고받고서 밤낮으로 영원히 안식을 누리지 못하는 것이다. 이 원리는 아주 분명하다. 한 번 태어난 사람은 두 번 죽고, 두 번 태어난 사람은 한 번 죽는다. 어느 것이 당신에게 해당되는가? 당신은 거듭났는가?

하나님이 거듭나게 하신다

사실 우리에게 있는 것은 명령이지만, 그 명령 안에는 약속의 싹이 들어 있다. 우리가 다시 태어나야 한다는 것이 사실이라면, 우리가 다시 태어날 수 있다는 것도 사실이기 때문이다. 다시 시작하는 나라가 있으며, 우리는 그 나라의 입구에서 옛 삶을 낡은 외투처럼 벗어 버리고 새 삶을 시작할 수 있다. 우리는 용서받을 수 있다. 우리는 재창조될 수 있다. 우리는 새로운 마음, 새로운 감정, 새로운 삶, 새로운 힘, 새로운 목적, 새로운 방향, 새로운 목적지를 가질 수 있다. 그렇다, 우리는 다시 태어날 수 있다. 그것이 좋은 소식이다!

예수께서는 요한복음 3장에서 거듭나는 방법에 대해 말씀해 주신다. "바람이 임의로 불매 네가 그 소리는 들어도 어디서 와서 어디로 가는지 알지 못하나니 성령으로 난 사람도 다 그러하니라"(8절).

성령이 중생의 대리자이다. "거듭나야 한다"는 문장은 '우리'를 주어로 하면 수동형 문장이 된다. 우리는 스스로 "낳을" 수 없다. 우리는 "거듭난다." 우리는 하나님에 의해 태어난다. 우리는 새롭게 창조된다. 우리는 새로운 피조물이다. 우리는 하나님의 작품이다. 우리는 객체이고 하나님이 주체이시다. 재창조는 하나님이 전능하신 능력으로 우리에게 행하신 일이다. 성령이 중생의 대리자이며, 하나님의 말씀인 예수 그리스도의 복음이 중생의 도구이다.

바로 이 요한복음 3장에서 예수께서는 이렇게 선언하신다. "모세가 광야에서 뱀을 든 것 같이(뱀은 죄의 표지인데, 뱀을 바라본 사람은 그 지역에서 우글거리던 독사에게 물린 상처가 나았다) 인자도 들려야 하리니 이는 그를 믿는 자마다 영생을 얻게 하려 하심이니라"(14-15절).

그리스도께서 십자가에 들리셨고, 우리 죄를 그분이 지셨기에 그분은 악의 상징인 뱀이 되셨다. 지금껏 살았던 사람 중에 죄를 가장 많이 짊어지고 저주를 받은 사람이 되셨다. 우리의 죄가 그리스도께 전가되어서 그리스도의 것으로 여겨 졌다. 그리스도께서 우리 대신 십자가에 달리셔서 아버지 하나님의 찡그린 얼굴을 올려다보셨고, 하나님은 그분이 매우 기뻐하시던 독생자를 경멸하셨고, 자기 아들에게 죄에 대한 진노를 쏟아 부으셨다. 우리 대신 예수께서 지옥으로 내려가셨다. 우리의 죄에 대한 형벌을 지옥에서 우리가 받거나 십자가 위에서 그리스도가 받으실 것이다. 누가 받을지는 그리스도를 믿느냐 믿지 않느냐에 달려 있다. 십자가에 달리신 분을 바라보는 것에 생명이 있다. "땅의 모든 끝이여 내게로 돌이켜 구원을 받으라 나는 하나님이라 다른 이가 없느니라"(사 45:22).

거듭났는가?

당신은 거듭났는가? 거듭났다면 당신은 예수님을 믿고, 자신을 믿지 않는다. 자기 의에서 돌이킨 것이다. 피츠버그 대학교의 위대한 신학자인 존 거스트너 박사는 하나님과 죄인 사이를 유일하게 가로막는 것이 죄인의 선행인 경우가 많다고 말했다. 사실 죄인에게는 의로움이 없고 그의 선행은 실제 선행이 아니라 착각이다. 그러나 죄인에게는 자기 의가 실제 상황이다.

자기 의를 믿는 죄인은 자신의 선함만 의지한 채 죄를 인정하고 그리스도를 믿으려고 하지 않는다. 그래서 죄인과 구속주 사이에 뚫을 수 없는 장벽이 생긴다. 우리가 자신의 구원에 기여할 수 있는 일은 아무것도 없다. 우리가 구원에 기여할 수 있는 일은 죄뿐이다. 우리의 믿음과 회개는 우리 마음속에서 하나님의 은혜가 역사하신 것이다. 우리가 기여한 것은 예수 그리스도께서 고난당하시고 죽으시게 한 그 죄밖에 없다.

당신은 새롭게 태어나고자 하는가? 중생을 추구한 사람은 모두 중생을 찾았다. 그러한 추구조차도 하나님의 영이 만드신 것이기 때문이다. 그 새로운 생명을 알고자 하는가? 공허하고 목적 없는 삶에 신물이 나는가? 자기 의라는 더러운 누더기가 지긋지긋한가? 당신이 아닌 다른 분을 믿고 싶은가?

그렇다면 그리스도의 십자가를 바라보라. 당신의 믿음을 그분에게 두라. 오늘 당신에게 들어 오셔서 거듭나게 해 주시기를 그분에게 간구하라. 예수는 우리가 반드시 거듭나야 하기 때문에 우리를 위해 영광의 자리에서 이 땅으로 오신 분이기 때문이다.

chapter 13 "당신 안에 하나님의 영이 있다니 무슨 말이야?"
내가 성령을 믿는 이유

너희는 너희가 하나님의 성전인 것과
하나님의 성령이 너희 안에 계시는 것을 알지 못하느냐(고전 3:16).

기독교의 모든 교리 중에서 많은 사람들에게 가장 많이 문제를 일으켰던 교리는 성령에 대한 교리인 것 같다. 이것은 놀랄 일이 아니다. 서문에서 나는 놀라울 정도로 많은 사람들이 예수 그리스도가 어떤 분인지 혼란스러워하기 때문에 이 책을 쓰기 시작했다고 말했다.

나는 그보다 더 많은 사람들이 그 갈릴리의 목수가 누구냐 하는 사실이, 즉 그분이 과거에 계셨고 지금도 계시며 앞으로도 영원히 계실 분이며 우주의 전지전능하신 창조주 하나님이라는 것이 기독교 신앙의 가장 중요한 교리를 구성하다는 것에 혼란스러워 한다는 것을 알았다. 그렇다면 사람들이 성령에 대해서는 훨씬 더 이해하지 못할 수밖에 없다.

내가 생각하기에는 성령에 대해 내가 믿는 것들을 성경에서 어떻게 증거하는지를 보여 주는 것이 성령을 믿는 이유를 진술하는 데 가장 효과적인 방법이다. 또 성경에서 성령을 어떤 분으로 말하는지, 성령이 어떤 일을 하시는지, 성령이 주시는 복을 우리가 어떻게 받는지를 발견하면 성령에 대한 혼란이 말끔히 사라질 것이다.

성령은 무엇인가?

첫째 질문을 살펴보자. 성령은 누구신가? 아니면 이렇게 말해야 할 것이다. 성령은 무엇인가? '그것(It)'인가? '그분(He)'인가? 아니면 혹시 '그녀(She)'인가? 사람들은 성령을 이 세 가지로 불러 왔다. 어느 이상한 이단은 성령을 '그녀'라고 부름으로써 아버지, 어머니, 아들이 있는 이 세상의 가족 관계처럼 만들려고 했다. 그러나 성경은 이러한 것을 전혀 언급하지 않는다.

한편으로 많은 사람들이 성령을 '그것'으로, 즉 힘이나 일이나 능력이나 영향력으로 언급하기도 한다. 하지만 힘이 성령의 정체인가? 아니면 성령은 일종의 '인격(person)'인가? 나는 성령이 인격임을 성경이 분명히 밝힌다고 믿는다. 인격이라는 단어의 실제 의미를 살펴보자. 이 단어는 '인격성을 가진 것, 즉 의지와 지성과 감성과 의사소통을 할 능력을 지닌 것'을 의미한다.

구약성경에서는 성령이 분명하게 계시되지 않으며, 유대인들은 성령을 단순히 하나님의 힘이나 영향력이라고 이해했지만 이것은 잘못된 이해였다. 성부, 성자, 성령이라는 삼위일체 하나님의 구별이 존재하기는 했지만 구약 유대인들에게 분명하게 계시되지는 않았다. 프린스턴 신학대학원 조직신학 교수인 벤저민 워필드(Benjamin B. Warfeild) 박사가 말한 것처럼 "구약은 호화롭게 가구가 비치되었지만 불빛이 어두운 방과 같았다. 신약에서는 그 방에 조명만 더했을 뿐이다."

오늘날에는 성경이 성령을 인격이라고 말하는 경우가 많지 않는다는 것을 근거로 하여 성령의 인격성을 부인하는 사람들이 있다. 하지만 성령은 인격이다. 성경이 하나님의 존재를 증명하는 논거를 제시하지 않지만, 하나님이 존재하신다는 것은 분명하게 계시되고 이해된다. 그리고 이것은 성령에 대해서도 마찬가지이다.

성령은 인격이다

그러면 이제 자세히 살펴보자. 인격은

무엇인가? 물체는 무엇인가? 힘은 무엇인가? 어떤 이들은 성령이 전기나 바람이나 중력과 같은 일종의 힘이라고 말한다. 힘과 인격은 어떠한 차이가 있는가?

지성의 문제를 생각해 보자. 전기에 생각이 있는가? 바람에 생각이 있는가? 중력에 지성이 있는가? 물론 없다. 감정의 문제를 생각해 보자. 전기나 중력이 웃는다는 말을 들어본 적이 있는가? 운다는 말은? 사랑한다는 말은? 의사소통을 생각해 보라. 힘이 과연 자신의 생각을 표현할 수 있는가? 할 수 없다! 전기가 사람들의 말을 되풀이해 주는 기계를 작동시키는 데 사용될 수는 있지만, 의사소통은 할 수 없다. 전기가 그러한 일을 하겠다는 결정을 내릴 의지를 갖고 있는가? 전기가 스스로 동기를 부여하는가, 아니면 전기를 제어하는 외부의 법칙이나 사람에게 지배받는가? 전기 그 자체는 의지가 전혀 없다. 그러나 인격은 의지가 있다.

성경은 성령에 대해 어떻게 말하는가? 듣고 당신 스스로 판단해 보라. 성령은 이교집단이 말하는 것처럼 일종의 힘인가, 아니면 그리스도의 교회가 말하는 것처럼 인격인가? 성경은 성령의 생각에 대해 언급한다. "마음을 살피시는 이가 성령의 생각을 아시나니 이는 성령이 하나님의 뜻대로 성도를 위하여 간구하심이니라"(롬 8:27). 성령은 생각을 갖고 계시다. 성령은 중보하시며, 성도를 위해 간구하신다. 성경은 성령의 무한하신 이해력에 대해서 말한다. "하나님의 일도 하나님의 영 외에는 아무도 알지 못하느니라"(고전 2:11). 힘은 이해하지 못하지만 인격은 이해한다. 성령의 의지에 대한 참고 구절도 있다. "그의 뜻(will, 의지)대로 각 사람에게 나누어 주시는 것이니라"(고전 12:11)는 말씀에서 '그'는 성령을 가리킨다. 그러나 힘은 의지를 갖고 있지 않다.

성령은 아실 뿐 아니라 미리 알기도 하신다. "(성령이) 장래 일을 너희에게 알리시리라"(요 16:13). 틀림없이 바람이나 전기나 그 외 어떠한 힘도 지금 있는 일이나 장래 일어날 일을 모른다. 성경은 성령의 사랑에 대해 언급한다. "성령의 사랑으로 말미암아 너희를 권하노니"(롬 15:30). 우리는 성령이 행하시며 힘쓰시는 것을 본다. "나의 영이 영원히 사람과 함께 하지 아니하리니"(창 6:3). 성령은 명령하시고 금지하신다. "성령이 이르시되 내가 불러 시키는 일을 위하여 바나바와 사울을 따로 세우라 하시니"(행 13:2). 성령은 교회의 직분을 임명하신다. "온 양 떼를… 성령이 그들 가운데 여러분을 감독자로 삼고…보살피게 하셨느니라"(행 20:28). 성령은 들으신다. "그(성령)가 스스로 말하지 않고 오직 들은 것을 말하며"(요 16:13). 성령은 많은 일들에 대해, 지난날들의 사건에 대해, 인자에 대해 말씀하신다. 성령은 기독교인의 마음속에서 "아바 아버지"라고 부르짖으신다(롬 8:15). "성령이 이르시되 그러하다 그들이 수고를 그치고 쉬리니 이는 그들의 행한 일이 따름이라 하시더라"(계 14:13). 성령은 빌립에게 "이 수레로 가까이 나아가라"(행 8:29)고 하셨다. 우리는 인격의 모든 속성이 성령에게 부여된 것을 본다. 성령은 인격이다.

그럼에도 어떤 사람들은 그리스어에서 중성 대명사들이 종종 '영'이라는 말과 함께 쓰인다는 것을 근거로 하여 성령이 인격이라는 것에 동의하지 않는다. 하지만 이것에 대해서는 아주 자연스럽게 설명할 수 있다. 헬라어에서 '영'을 뜻하는 '프뉴마(pneuma)'는 구약 성경에서 '호흡', '바람'을 뜻하는 단어(루아흐)에 해당한다. 성령이 계시될 때, 프뉴마라는 이름을 취하였다. 프뉴마가 헬라어에서 중성 명사였기 때문에 신약 성경에서도 중성 대명사를 사용했다. 하지만 바로 이런 문법 규칙이 성령이 인격이라는 사실을 부정하기는커녕 오히려 강화한다. 그리스어의 일반 용법과는 달리 성경에서 성령을 언급하는 데 남성 대명사를 쓰는 경우가 있기 때문이다.

성령은 하나님이다

성령에 대한 우리의 믿음과 교리를 분명하게 하려면 우리는 성령이 인격일 뿐 아니라 하나님이시라는 것도 확인해야 한다. 여기에서 다시 성경이 답을 해 준다. 사도행전에서 베드로는 아나니아에게 말한다. "어찌하여 사탄이 네 마음에 가득하여 네가 성령을 속이고 땅 값 얼마를 감추었느냐"(행 5:3). 곧이어서 아나니아에게 "사람에게 거짓말한 것이 아니요 하나님께로다"(행 5:4) 하고 말하면서 베드로는 성령이 하나님이라는 것을 분명히 했다. 성경은 하나님의 모든 속성을 명확하게 기술하며, 그 속성들을 성령에 속한 것으로 생각한다. "내가 주의 영을 떠나 어디로 가며"(시 139:7). 성령은 무한하시며, 어디에나 계신다. 모든 것을 아신다. 장래 일을 아시며, 전능하시다.

그러나 성령이 단순히 하나님 아버지의 또 다른 이름이 아니며, 삼위일체 하나님의 세 위격은 서로 구별된다는 것도 이해해야 한다. 이것은 여러 곳에서 분명하게 보인다. 아버지와 아들과 성령의 이름으로 세례를 받는 것이 세례의 방식이다. 이름은 하나(하나님)이지만 위격은 셋(성부, 성자, 성령)이다.

예수께서 세례 받으시는 장면에서 우리는 성령이 비둘기처럼 내려오고 하나님이 구름 위에서 "이는 내 사랑하는 아들이요 내 기뻐하는 자라"고 말씀하시는 것을 본다(마 3:17). 세 위격이 분명하게 계시되었다. 동일한 진리가 우리가 대위임령이라고 부르는, "그러므로 너희는 가서 모든 민족을 제자로 삼아 아버지와 아들과 성령의 이름으로 세례를 베풀라"(마 28:19)라는 말씀을 포함하여 성경 여러 부분에서 거듭 확인된다.

하지만 성경이 분명하게 가르치고 있는데도 고대에 시작되어 오늘날에도 남아있는 이단이 하나 있다. '형태(mode)'라는 단어에서 유래한 '양태론(Modalism)'은 성령이 신적인 위격이기는 하지만 성부나 성자의 또 다른 모습이라고 가르친다.

양태론의 주장에 따르면 성부께서 긴 턱수염을 단 배우처럼 가장 먼저 무대에 등장하셨고, 그 다음에는 퇴장해서 의상을 갈아입고 젊은이인 성자로 무대에 다시 등장하셨으며, 다시 퇴장해서 이번에는 성령이라는 옷을 입고서 다시 무대에 등장하셨다고 말하는 것과 같다. 한 인물이 세 인물로 변장한 것처럼 위격도 하나라는 것이다. 그러나 성경은 하나님은 한 본질 안에 세 위격이 영원히 공존하는 삼위일체 하나님이시라고 말한다. "태초에 말씀이 계시니라 이 말씀이 하나님과 함께 계셨으니"(요 1:1).

성령의 활동

나는 성경이 성령이 어떤 분인지를 말할 뿐 아니라 성령이 무엇을 하시는지도 말하기 때문에 성령을 믿는다. 성경은 성령의 활동에 대해 놀라운 보고를 해 준다. 그 목록이 너무나 길어서 이 책에 실을 수 없지만, 성령의 역사 중에는 다음과 같은 것들이 있다.

성령은 세상을 창조하셨다. 세상은 성령에 의해, 성자로 말미암아, 성부에게서 창조되었다. 성령이 성경을 쓰도록 영감을 주셨기 때문에 성경은 다른 어떠한 책들과 같지 않으며, 성령 하나님은 인간이라는 방편을 사용하여 성경을 저술하신 저자이시다.

성령은 그리스도께서 마리아의 자궁 안에 잉태되게 하셨고, 마리아는 "성령이 네게 임하실 것"이라는 말을 들었다. 예수께 세례를 베푸시고, 그를 이끄시고, 능력을 주신 분도 성령이다. 성령이 예수를 죽은 자들 가운데서 다시 살리셨다고도 기술되어 있다. 오순절에 사람들에게 부어진 성령은 기독교 교회가 시작되게 하신 분이다.

성령은 사람들을 중생시키시며, 죄 가운데 죽었던 이들을 다시 살리신다. 예수께서는 우리가 성령으로 거듭나야 한다고 말씀하셨다. 성령이 우리를 중생시키지 않으셨다면 우리는 기독교인이 아니다. 성령은 모든 기독교인 안에 거하신다. "너희는 너희가 하나님의 성전인 것과 하나님의 성령이 너희 안에 계시는 것을 알지 못하느냐"(고전 3:16).

성령은 거룩하게 하시고, 깨끗하게 하시며, 성결하게 하신다. 특히 성령은 성결하시다. 성령은 자신의 영광이나 찬양을 위해 오시지 않는다. 성령이 특별한 이름도 갖고 있지 않으시다는 것에 주목하라. 예수께서는 "보혜사 곧 아버지께로부터 나오시는 진리의 성령이 오실 때에 그가 나를 증언하실 것이요"라고 말씀하셨다(요 15:26).

성령이 누군가에게 임하셨다는 증거 가운데 하나는 그 사람이 구속자 그리스도 안에서 역사하신 하나님의 놀라운 일들에 대해 말한다는 것이다. 성령은 기독교인에게 은혜를 베푸셔서 기독교인답게 살아갈 능력을 주시는 분이다. "성령의 열매는 사랑과 희락과 화평과 오래 참음과 자비와 양선과 충성과 온유와 절제니"(갈 5:22-23).

성령이 내주하시기를 간구하라

더 나아가 내가 성령을 믿는 이유는 내가 성령의 내주를 체험하기 때문이다. 성령을 아는 사람들은 자기들이 장차 받을 유산의 '보증금'을 받았다는 것을 안다. 성령은 우리가 영생을 소유했다는 확신도 주시기 때문이다. 우리가 하나님의 자녀라는 것을 우리 영혼과 함께 증거하는 분도 성령이다.

"아바, 아버지"라고 부르짖으시는 분도, 또 하나님이 우리 아버지이시며 우리가 구속을 입어 천국으로 가는 길에 있는 하나님의 자녀라는 것을 알려 주시는 분도 성령이다. 우리가 기독교인으로서 "예수는 나의 것이라는 확신이 얼마나 복된 일인지 모르겠다. 하늘의 영광을 미리 맛보게 되다니!" 하고 말할 수 있게 하는 분도 성령이다. 마음에 그러한 확신이 있다면 우리는 자신 안에 성령이 계시다는 것을 안다.

성경은 모든 신자가 기독교인이 될 때 성령을 받는다고 말한다. 그러나 성령을 받은 후에 우리는 성령으로 충만해지기를 구해야 한다. 우리는 구멍이 뚫려서 새는 그릇이기 때문이다. 우리에게는 그분이 충만히 임하셔야 한다.

너무나 많은 기독교인들이 성령으로 충만하지 않기 때문에 좌절하고 낙심한다. 집안에 사랑과 희락과 화평과 오래 참음과 자비가 있는가? 아니면 갈등과 낙심과 다툼과 근심과 불안과 슬픔이 있는가? 이러한 것이 있다는 것은 그 집에 성령이 계시지 않다는 증거이다. 성령은 기쁨과 화평과 사랑의 영이시기 때문이다. 성령을 통해서 하나님의 사랑이 우리 마음속에서 밖으로 퍼진다.

당신이 삶에서 하나님의 성령의 충만함을 잃어버리고 있는지 확인하라. 하나님이 원하시는 대로 살고 하나님을 섬기기를 원한다면 해 볼 수 있는 일이 하나 있다. 이것은 빌 브라이트(Bill Bright) 박사가 몇 년 전에 우리 교회 교인들에게 권한 일인데, 그 일이 당시 중요한 영향을 미쳤다.

브라이트 박사는 말씀을 듣기만 하는 사람이 아니라 실행하는 사람이 되고 싶은 사람들은 집에 가서 적당한 크기의 종이를 찾아서 그 위에 자기 삶에 있는 죄들을 구체적으로 적으라고 했다. 그는 성향에 나타나는 죄를 열거해 보라고 했다. 성급함, 신랄함, 질투, 시기, 원한, 모욕, 증오, 분노, 욕정, 음탕함, 부정한 생각, 식탐, 욕심, 탐심 등등 죄의 이름을 구체적으로 나열하라고 했다. 태만한 죄도 잊지 말아야 한다. 기도하지 않은 죄, 하나님께 냉담한 죄, 하나님 말씀을 믿지 않은 죄, 섬기지 않은 죄, 복음을 증거하지 않은 죄와 같은 것들을 마음속에 숨기지 말고 생각해 보라.

브라이트 박사는 그런 다음에 우리가 아직 고백하거나 버리지 않은 악한 것을 볼 수 있게 해 주시기를 성령께 기도하라고 했다. 우리는 성령 앞에서 기다리면서 성령께서 마음에 다른 죄가 떠오르게 하시면 그것을 적었다. 우리는 기다리고 다시 간구했다. "성령 하나님, 저를 살펴보시고 제 마음을 시험하시고 제 안에 아직도 악한 것이 있는지 봐 주십시오." 우리는 진정 하나님과 이웃에 대한 범죄에서 해방된 양심으로 하나님 앞에 나올 수 있을 때까지 계속 간구하고 기다렸다. 나는 그보다 더 큰 복을 생각할 수 없다. 이것은 물론 우리가 완벽하다는 의미가 아니다. 우리가 고백하지 않거나 회개하지 않거나 버리지 않은 것이 마음에 아무것도 떠오르지 않을 것이라는 의미다.

이제 그 종이에 큰 글씨로 쓰라. "예수 그리스도의 피가 우리를 모든 죄에서 깨끗케 하신다." 그 약속을 믿음으로 주장하라. 그 약속을 믿으라. 당신은 이 시점에서 아마 처음으로 예수께서 말씀하신 것을 할 준비가 되었을 것이다. 당신을 성령으로 충만하게 해주시기를 하나님 아버지께 구하는 것 말이다. "너희가 악할지라도 좋은 것을 자식에게 줄 줄 알거든 하물며 너희 하늘 아버지께서 구하는 자에게 성령을 주시지 않겠느냐"(눅 11:13).

하나님 아버지께 성령을 구하라. 자아와 죄로, 자기 의와 교만과 바리새인의 위선으로 가득 차 있으면 성령께서 오실 수 없다. 우리가 하나님 앞에서 스스로 낮추고 우리의 죄와 완고한 태도를 고백하면, 하나님이 오셔서 약속을 성취하시고 우리를 사랑의 영과 기쁨의 영인 하나님의 영으로 채우실 것이다. 우리에게 새로운 마음, 부드러운 마음을 주실 것이다.

이제 그 종이를 가지고 가서 태우라. (한번은 내가 어느 교회 교인들에게 이러한 방식으로 고백을 하라고 하자, 한 사람이 내게 물었다. "이제 어떻게 할까요? 이 종이에 서명을 하고 신고할까요? 그러면 감옥에 갈 거예요!") 그것을 찢어버리라! 불에 던져

버리라! 하지만 그 약속을 주장하고, 하나님을 믿고, 성령 안에서 살면서 걸어가기 시작하고, 성령의 능력으로 성령을 섬기라. "성령으로 충만하라"(행 9:17, RSV).

　여기에 우리의 도전이 있다. 야고보는 말씀을 들은 후에 그 말씀과 관련해서 아무 일도 하지 않는 사람들처럼 되거나, 거울을 본 후에 자기 모습이 어떠한지 잊어버리는 사람들처럼 되지 말라고 말한다. 나는 우리가 성령의 이러한 씻음과 충만하심을 구할 때에야 비로소 전에는 결코 알지 못했던, 하나님의 임재라는 복과 친밀함과 깨달음 안에 들어가리라고 믿는다.

chapter 14

"예수가 다시 온다지만 이천 년간 세상은 멀쩡히 있다고!"
내가 그리스도의 재림을 믿는 이유

볼지어다 그가 구름을 타고 오시리라 각 사람의 눈이 그를 보겠고 그를 찌른 자들도 볼 것이요
땅에 있는 모든 족속이 그로 말미암아 애곡하리니 그러하리라 아멘(계 1:7).

오늘 이 세상은 미친 듯이 날뛰고 있다! 이것은 세속 세계에서 이 시대의 가장 깊이 있는 사상가들의 결론이다. 런던의 지적인 정치가 폴 존슨(Paul Johnson)은 온 세계에서 터지고 있는 혼란한 상황을 살펴 본 후에 이렇게 결론을 내렸다. "화성에서 침공해 들어오는 것을 환영하고 싶은 마음이 들 때가 있다."[1]

세상은 통제불능이 되었다. 나는 당신에게 폴 존슨이 말한 것 같은 침공이 분명히 있을 것이라고 장담할 수 있지만, 그것은 화성에서 침공하는 것이 아니다. 그보다 훨씬 더 멀리서 올 것이다. 그것

은 하나님의 아들의 침공, 즉 창조주가 피조물에게 돌아오는 것이다. 예수 그리스도께서 다시 오실 것이다!

예수께서 다시 오실 것이다

재림이라는 주제는 지금과 같은 시대에 더욱 적절하다. 나는 왜 그리스도의 재림을 믿는가? 먼저는 그리스도께서 다시 오시겠다고 선언하셨기 때문이다. "너희는 마음에 근심하지 말라 하나님을 믿으니 또 나를 믿으라 내 아버지 집에 거할 곳이 많도다 그렇지 않으면 너희에게 일렀으리라 내가 너희를 위하여 거처를 예비하러 가노니 가서 너희를 위하여 거처를 예비하면 내가 다시 와서 너희를 내게로 영접하여 나 있는 곳에 너희도 있게 하리라"(요 14:1-3). 예수 그리스도께서 다시 오실 것이다.

거의 2천 년 동안 교회는 예수께서 오셔서 산 자와 죽은 자를 심판하실 것이라는 교리를 선포해 왔다. 이것에만 전적으로 관심을 쏟고서 기독교의 교리 전체를 비방하던 자들도 있었지만, 역사적으로 기독교 교회 전체가 예수 그리스도께서 이 세상에 다시 오실 것을 흔들림 없이 믿어 왔다는 사실을 간과하지는 말아야 한다.

그리스도의 재림에 대한 믿음은 사도신경과 니케아 신조와 콘스탄티노플 신조에서, 그리고 고대의 모든 기독교 교회의 신조에서 발견된다. 이 믿음은 웨스트민스터 신앙고백에도 있다. 성공회의 표준 교리인 영국 국교회 39개 신앙신조에도 있으며, 루터교의 아우크스부르크 신앙고백에도 있다. 전 세계 기독교가 예수 그리스도께서 이 세상에 **돌아오신다는 것**에 만장일치로 동의한다.

"주께서 강림하신다는 약속이 어디 있느냐 조상들이 잔 후로부터 만물이 처음 창조될 때와 같이 그냥 있다"(벧후 3:4)고 말하면서 비웃던 자들도 있었다. 비웃는 자들은 이 사실을 고의로 무시하는 것이다. 하나님은 약속을 지키는 데 게으르신 게 아니라, 사람들이 회개하고 죄에서 돌이켜 구원받기를 바라신다.

하나님은 거의 2천 년 동안 끈기 있게 기다리셨다. 이것을 성경이 선포하고, 구약 성경이 선언하고, 사도들이 확언했다. 예수 그리스도께서 다시 오실 것이라는 사실은 신구약 전체에서 300번이 넘게 선포되었다. "각 사람의 눈이 그를 보겠고 그를 찌른 자들도 볼 것이요 땅에 있는 모든 족속이 그로 말미암아 애곡하리니 …… 주 예수여 오시옵소서"(계 1:7; 22:20).

자신이 기독교인인지 정말 알고 싶은가? "주 예수여, 오시옵소서"라는 말을 솔직하게 할 수 있는지 자문해 보라. 예수 그리스도께 속하지 않았다면 이 말을 할 수 없다. 예수께서 오신다는 것은 예수 그리스도께 속하지 않은 이들에게 이름 모를 불안감을 안겨

주기 때문이다.

성경의 역사관은 결말을 향해 나아간다

더 나아가 나는 기독교의 역사관 전체가 그리스도의 재림을 필요로 하기 때문에 예수 그리스도께서 다시 오시리라고 믿는다. 고대 그리스인들은 역사가 순환한다고, 영원히 돌아가는 회전목마처럼 돌고 돈다고 믿었다. 그러나 성경의 역사관은 직선이다. 역사는 하나님께서 이 세상이라는 드라마의 마지막 장을 내리실 때를 향해, 즉 모든 시대를 완성하실 위대한 결말을 향해서 멈추지 않고 앞으로 나아간다.

한때 겸손하게 오셨던 예수 그리스도께서 태양을 가려 버릴 정도로 빛나는 영광 가운데 수많은 성도들과 함께 돌아오실 것이다. 그리스도께서 하늘의 천사들과 함께, 나팔소리와 함께 오실 것이며, 주와 함께 영원히 거하게 하실 사람들을 끌어올리셔서 자신에게 데려가실 것이다. 그리스도를 무시하고 부인한 사람들, 죄를 회개한 척 했으나 실제로는 결코 회개하지 않은 사람들은 멸망의 맹렬한 불길 가운데에서 영원히 불탈 것이다.

다른 누구보다도 영국의 사회개혁에 많이 이바지한 섀프츠베리(Shaftesbury) 경은 이런 말을 했다. "나는 지난 40년 동안 깨어 있는 동안 한시도 우리 주님의 재림을 잊은 적이 없다. 우리는 재림의 소망이 있기에 자신을 정결케 한다. 공의도 재림을 요구하기 때문이다." 의인들이 너무나 자주 압제를 받고 박해를 받아 왔다는 것이 슬프지만 사실이다. 지금까지도 러시아에 있는 시베리아 포로수용소에 백만 명이 넘는 기독교인들이 수감되어 있다. 악인들이 형통하는 경우가 너무나 많지만, 성경은 악인들의 종말은 멸망이므로 악인들을 부러워하지 말고 그들의 마지막을 생각하라고 말한다. 공의는 그리스도께 심판하러 돌아오시기를 요청한다. 하나님의 모든 목적과 하나님 나라가 완성될 것이다. 나는 이것이 비뚤어진 세상을 위한 유일한 소망이라고 생각한다.

재림 전의 징조들

나는 성경이 그리스도의 재림에 앞서 나타나리라고 선포하는 징조들 때문에도 그리스도의 재림을 믿는다. 나는 예언자가 아니며, 그리스도가 재림하실 구체적인 날짜를 정하려고 애쓰는 사람들을 그다지 신뢰하지도 않는다. 성경은 우리가 그 날과 그 시를 알지 못한다고 분명하게 말한다.

크리스티나 로세티(Christina Rossetti)가 훌륭한 교향악단의 연주를 지켜보고 있었다. 갑자기, 눈 깜짝 할 새에, 정확히 같은 순간에, 모든 단원들이 손을 뻗어서 악보를 넘겼다. 그 순간 로세티는 성경 말씀을 떠올리고서 주의 재림이 꼭 그와 같은 방식으로 일어날 것이라고 깨달았다. 갑자기, 한 순간에 모든 사람의 눈이 올려다 볼 것이며, 모든 사람이 고개를 들고서 주께서 말로 다할 수 없는 영광 가운데 오시는 것을 볼 것이다.

성경은 그리스도께서 오시기 전에 징조가 있을 것이라고 선언한다. 그러한 징조들은 수세기 내내 어느 정도 존재했었지만 오늘날에는 우레와 같이 울리는 방식으로 존재한다. 엄청나게 반복되는 증거가 그리스도께서 곧 오시리라는 사실을 불가피하게 지적하는 듯하다.

그리스도가 오실 것이다!

이러한 징조에는 무엇이 있는가?

성경은 지진들이 있을 것이라고 말한다. 지진은 항상 있었는데, 그러면 이 말씀은 무슨 의미인가? 분명히 그것은 횟수나 강도에 있어서 독특한 방식으로 지진이 일어날 것이라는 뜻이다. 지진학 역사가인 돈 리트(Don Leet)는 거의 평생에 걸친 연구 끝에 이렇게 말했다. "14세기에는 지진이 137차례 있었다. 15세기에는 174차례, 16세기에는 253차례, 1971년과 그 이후는 비슷하게 전 세계에 18,000차례 지진이 있었다."[2]

우리는 사람들이 무서워하므로 기절하리라는 말씀을 들었다. 〈나는 왜 기독교인이 아닌가Why I Am Not a Christian〉를 쓴 불신자 영국 철학자인 버트런드 러셀(Bertrand Russel)은 "우리가 바랄 수 있는 최선은 절망에 굴복하지 않는 것이다"라고 말했다. 이 말과 아주 똑같이 프랑스 실존주의자인 장 폴 사르트르(Jean Paul Sartre)는 "절망에 굴복하지 않는 것, 우리는 이것을 토대로 하여 인생을 건설해야 한다"고 말했다.

옥스퍼드 대학교에서 박사학위를 받은 존 웨슬리 화이트(John Wesley White) 박사는 그리스도의 재림이 분명히 멀지 않았다는 사실에 관한 다양한 증거들을 제시했다. CBS 텔레비전에서 전위 예술 극작가인 수전 손택(Susan Sontag)과 아그네스 바르다(Agnes Varda)와 인터뷰를 했다. 그 인터뷰에서는 최근 청년층 문화를 다룬 영화들의 지배적인 주제가 파멸과 절망이라는 것을 지적했다. 16-17세들은 대학생들보다 훨씬 더 비관적이다.[3]

오늘날 미국과 캐나다에서 대학생들의 첫 번째 사망 원인은 자살이다. 이 나라는 절망의 나라다! 노인들 중에는 이것을 이해하지 못하는 사람들이 많다. 그들은 대학교에서 젊은이들에게 끊임없이 퍼부어지는 사상에 노출되지 않은 세대이기 때문이다. 젊은이들은 숨을 곳을, 회피하고 달아날 곳을 찾고 있다. 그들은 숨을 곳을 찾아 마약 문화 속으로, 공동체 속으로, 아시아의 신비 종교들 속으로 달아났다. 젊은이들이 부르는 중에는 "숨을 곳 없음(No Hiding Place)"이라는 제목이 붙은 노래도 있다.

성경에서는 마지막 때에 지식이 크게 폭발할 것이며, 사람들은 계속해서 배우겠지만 결코 진리에는 도달할 수 없을 것이라고 말씀한다. 현재 우리는 고대 2천년 동안 가르쳤던 것보다 더 많은 것을 24시간 동안 배운다. 지식이 폭발하고 있다!

슬픈 것은, 많은 사람들이 궁극적인 진리에 대한 지식, 즉 진리 자체이신 하나님에 대한 지식을 이해하지 못하는 듯하다는 것이다. 지식에 대한 엄청난 탐구가 인류의 만병통치약이자 구세주로 보였다. 사람들은 인본주의 구원자, 즉 교육이 이 세상을 빈곤과 범죄와 비행에서 구원해 주리라 기대했다.

교육이 만병통치약이 되었는가? 정부가 수백만 달러를 들여서 교육이 범죄를 감소시키는 데 얼마나 효과적인지를 판단하는 연구를 했다. 놀랍게도 모든 연구의 통계수치는 교육이 범죄를 증가시킨다는 것을 명백히 입증했다. 교육을 많이 할수록 범죄가 많아진다. 사회학자인 레이 제프리(Ray Jeffrey) 박사도 동일한 결론에 도달했는데, 그는 도덕적인 향상이나 영적인 향상이 동반되지 않으면 교육이 범죄를 악화시킨다는 것에는 의심할 여지가 없음을 입

증했다.[4]

 교육이 필요한 것이 아니라 사람의 마음을 변화시킬 일종의 도덕적 혁명과 영적인 자질이 필요한 것이다. 나치의 잔혹 행위를 한 괴물 같은 인물들은 대단히 교육을 잘 받은 사람들이었다. 나치라는 재앙이 세상에 나타났을 당시 나치 독일은 세계에서 가장 교육이 잘 되어 있던 나라였다. 교육은 사람들이 기대했던 것과 달리 인본주의의 구원자가 아니다. 성경이 마지막 때에 사람들이 무서워서 기절하리라고 말하고 있는 것처럼, 이러한 결론들은 이 시대에 깨어 있는 많은 지성인들이 두려움을 크게 느끼게 했다.

 노벨상 수상자이자 이 시대의 뛰어난 과학자이며 진화론자인 해럴드 유리(Harold Urey) 교수는 자신의 책 〈두려워하는 인간(Man Afraid)〉에서 이렇게 말했다. "나는 당신을 두렵게 하기 위해 이 책을 쓴다. 나 자신도 두려워하는 사람이다. 내가 아는 모든 과학자들도 두려워하는데, 그들은 자신의 생명 때문에 두려워하고 있으며, 당신의 생명 때문에 두려워하고 있다."[5]

 사람들이 무서워서 기절하고 있다. 오늘날 세계에서 첫째 사망 원인은 성경이 예상한 것처럼 심장마비이다. 실험실들에서 무슨 일이 진행되고 있는지를 안다면, 우리도 두려워질 것이다. 유리 교수가 기술한 것과 같은 두려움에서 우리를 지켜 주는 것은 우리의 행복한 무지뿐이다. 버트런드 러셀은 자기 인생의 세월을 돌아보면서 이렇게 썼다. "나는 자살 외에는 아무것도 생각할 수 없었다. …… 인간과 그의 모든 일 위로 어둠이 무자비하고 어둡게 내려앉는다."[6]

이 세계는 절망의 세계이다. 과학자들은 자기들에게 코발트로 감쌀 수 있는 수소폭탄이 있는데, 그것이 북극에서 폭발하면 북반구 전체에 있는 생명체가 모두 죽을 것이라고 말한다. 30억 명이 죽는다는 얘기다. 그것은 최후의 심판날의 기계다.

우리는 또 역병이 있을 것이라는 말씀도 듣는다. 우리는 중세 시대 이후로 전례가 없는 흑사병이 발발하는 것을 보았다. 선페스트가 파키스탄에서 수천 명의 목숨을 앗아갔다. 수세기 동안 보이지 않았던 질병들이 다시 등장하고 있으며, 에이즈 바이러스처럼 새로운 질병이 등장해서 대혼란을 일으켰다. 성병이 기존 항생제에 내성이 있는 변종을 만들고 있다.

우리는 일반 국민들이 안다면 아마도 생산이 금지될 정도로 무시무시한 세균 무기를 개발해 왔다. 그런 무기를 하나만 대기 중에 투하해도 지구상의 모든 인간이 죽을 것이다. 수십 만 명이 비아프라(나이지리아 동부의 주 – 옮긴이 주)와 파키스탄, 인도, 캄보디아에서 굶어 죽었다. 이것은 전에 없었던 크고 세계적인 규모의 전쟁이 일어나게 할 수 있는 기근의 서곡일 뿐이다.

우리가 이른바 평화의 시대에 살고 있다는 사실에도 불구하고, 존 웨슬리 화이트 박사는 제2차 세계대전 이후로 평화를 주제로 해서 쓰인 책이 2천 권이라고 말한다.[7] 사실 지금 우리는 전보다 평화를 누리지 못하고 있다.

유대교 랍비인 조슈아 리브먼(Joshua Liebman)은 〈마음의 평화Peace of Mind〉를 썼고, 가톨릭 주교인 풀턴 쉰(Fulton J. Sheen)은 〈영혼의 평화Peace of Soul〉를 썼으며, 빌리 그래함은 〈하나님과의 평화Peace with God〉를 썼다. 그러나 사방에서 우리는 전쟁의 소식과 전쟁의 소문을 듣는다.

소련의 붕괴로 세상이 더 안전하고 자유롭게 되리라고 생각했지만, 갑자기 발트해 연안의 자유 국가들이 끔찍한 내전에 휘말렸고, 중동에서는 미친 자들이 핵무기를 포함하여 금지된 무기들을 비축하고 있다.

성경은 노아 시대에 불법적인 성행위가 있었다고 말해 준다. 분명한 것은 이 시대에도 그러한 불법적인 성행위가 있다는 것이다. 하나님이 상당수 사람들을 멸망시키실 때 항상 성적인 부도덕이 연루되어 있었다는 것은 기억할 만하다. 노아 시대에 하나님이 홍수로 인류를 거의 다 멸망시키시기 전에도 성적인 부도덕이 있었다. 하나님이 불과 유황을 비처럼 내리셔서 들에 있던 성들이 사해의 남단 아래로 사라진 소돔 시대에도 그랬다. 가나안 족속은 성적인 부도덕 때문에 하나님께 멸망을 받았다. 특히 가나안 족속은 그들의 변태적인 행동 때문에 땅이 그들을 토해 냈다. 하나님이 오늘날 미국에 대해서는 어떻게 생각하실까?

당신은 준비되었는가?

예수 그리스도가 오실 때, 예수 그리스도는 그분 백성에게는 구주로, 나머지 사람들에게는 심판주로 오실 것이다. 그 때가 그분을 믿지 않고 그분을 사랑하지 않으며, 그분 백성이 아닌 사람들에게는 대단히 두려운 시간이 될 것이다. 사람들은 보좌에 앉으신 이의 얼굴로부터 숨기 위해 작은 산들에게 자기를 덮으라고, 산들에게 자기들 위로 떨어지라고 울부짖을 것이다. "그 어린 양의 진노"라는, 앞뒤가 맞지 않아 보이는 구절은 어린 양이 진노하여 오시는 때가 두려움의 날이라는 것을 말해 준다. 당신은 준비되었는가? 만일 오늘이 그날이라면?

비극적이게도 기독교(christianity)를 교회교(churchianity, 교회에 다니기만 하는 것을 가리키는 용어 - 옮긴이 주)로 대체하는 것에 만족하는 사람이 교회 안에 많다. 그들은 형식으로 만족하며, 마음속에 그리스도가 없다. 한 번도 자기 죄를 회개한 적이 없고, 자기 인생의 주와 주인이신 그리스도께 복종한 적이 없다. 그들은 자기 인생의 보좌에 아직 자기가 앉아 있다는 것을 알고 있으며, 자기가 하고 싶은 일을 자기가 하고 싶은 때에 한다. 결코 완전한 복종 가운데 자신을 그리스도께 내어 드린 적이 없다. 한 번도 그리스도를 믿은 적이 없다. 영생이라는 선물을 받은 적이 없다.

그 결과 피할 수 없는 사실이 하나 있다. 그들은 마음 속 깊이 자기가 영생을 소유했는지를 알지 못한다. 그러나 성경은 우리가 영생을 소유했음을 알 수 있다고 말한다. 우리는 자신이 영생을 소유했음을 알아야 한다.

우리가 예수 그리스도를 믿고 그분에게 우리 안에 들어오셔서 우리 인생을 넘겨받으시라고 초청했다면 우리는 자신이 용서받았다는 것을 **안다**. 우리는 자신이 천국에 가는 길에 있다는 것을 **안다**. 우리는 그리스도께서 오시면 우리를 데려가셔서 그분과 영원히 영광 가운데, 그분이 우리를 위해 예비해 놓으신 곳에 거하게 하시리라는 것을 **안다**.

각주

1장
1) 〈내셔널 인콰이어러〉(*National Enquirer*, 1975년 1월 7일), 24, 25쪽.
2) 찰스 머서(Charles Mercer), 〈알렉산더 대왕〉(*Alexander the Great*, New York: Harper & Row, 1962), 61쪽.

2장
1) 토레이(R. A. Torrey), 〈고등비평과 신 신학〉(*The Higher Criticism and the New Theology*, Montrose: Montrose Christian Literature Society, 1911), 129쪽.
2) 같은 책, 134쪽.
3) 같은 책, 132쪽.
4) 같은 책, 130, 132, 133, 134쪽.
5) 같은 책, 140, 141쪽.
6) 윌리엄 올브라이트(William F. Albright), 〈팔레스타인의 고고학〉(*The Archaeology of Palestine*, New York: Pelican Books, Penguin Books), 225쪽.
7) 조쉬 맥도웰(Josh McDowell), 〈판결을 요구하는 증거〉(*Evidence That Demands a Verdict*, San Bernardino, Calif., Campus Crusade for Christ, 1972), 71쪽.
8) 윌리엄 올브라이트(William F. Albright), 〈아브라함에서 에스라까지 성경의 시대〉(*The Biblical Period from Abraham to Ezra*, New York: Harper & Row, 1960).
9) 맥도웰, 〈판결을 요구하는 증거〉, 71쪽.

10) 같은 책, 72쪽.
11) 포스럽(T. W. Fawthrop), 〈돌들이 소리지른다〉(*The Stones Cry Out*, London: Marshall, Morgan & Scott, Ltd., 1934), 46쪽.
12) 같은 책.
13) 맥도웰, 〈판결을 요구하는 증거〉, 68쪽.
14) 같은 책.

3장

1) 모티머 아들러(Mortimer Adler)와 윌리엄 거먼(William Gorman) 편, 〈위대한 개념 색인〉(*The Great Ideas, Syntopicon of Great Books of the Western World*, Chicago: Encyclopaedia Britannica, 1952), 53쪽.
2) 제임스 레이드(James Reid), 〈하나님, 원자, 우주〉(*God, the Atom, and the Universe*, Grand Rapids, Mich.: Zondervan Publishing House, 1968), 1쪽.
3) 같은 책, 제1장.
4) 우드워드(E. L. Woodward), 〈존재하는가, 존재하지 않는가〉(*Is it — Or Isn't It?*)
5) 피에르 시몬 라플라스(Pierre Simon de La Place), 〈계시의 증거〉(*Evidences of Revelation*), 7쪽.
6) 프레드 존 멜던(Fred John Meldon), 〈우리가 진화가 아니라 창조를 믿는 이유〉(*Why We Believe in Creation Not in Revolution*, Denver: Christian Victory Publishing Co., 1959), 27쪽에 인용됨.
7) 윌리엄 페일리(William Paley), 〈자연신학〉(*Natural Theology*, New York: American Tract Society, n.d.), 30-31쪽.
8) 멜던, 〈우리가 진화가 아니라 창조를 믿는 이유〉, 225쪽.
9) 같은 책, 238쪽.
10) 헨리 모리스(Henry M. Morris), 〈성경은 해답을 가지고 있다〉(*The Bible Has the Answer*, Grand Rapids: Baker Book House, 1971), 16쪽. [한국에서는 전도출판사에서 출간]
11) 〈아메리칸 매거진〉(*American Magazine*, 1930년 11월호).

4장

1) 루이스 모어(Louis T. More), 〈진화의 교리〉(*The Dogma of Evolution*, Princeton: University Press, 1925), 160쪽.
2) 헨리 모리스(Henry M. Morris), 〈과학적 창조론〉(*Scientific Creationism*, San Diego: Creation-Life

Publishers, 1974), 8쪽에 인용됨.
3) 멜던, 〈우리가 진화가 아니라 창조를 믿는 이유〉, 8쪽에 인용됨.
4) 제임스 코페지(James F. Coppedge), 〈진화: 가능한가, 불가능한가?〉(*Revolution: Possible of Impossible?*, Grand Rapids: Zondervan Publishing House, 1973), 180쪽에 인용됨.
5) 로버트 클라크(Robert T. Clark)와 제임스 베일스(James D. Bales), 〈과학자들이 진화론을 받아들이는 이유〉(*Why Scientists Accept Evolution*, Grand Rapids: Baker Book House, 1966).
6) 헨리 모리스(Henry M. Morris), 〈진화론의 골칫덩어리 물들〉(*The Troubled Waters of Evolution*, San Diego: Creation-Life Publishers, 1974), 58쪽.
7) 에녹(H. Enoch), 〈진화인가 창조인가?〉(*Evolution or Creation?*, London: Evangelical Press, 1966), v쪽에 인용됨.
8) 코페지, 〈진화: 가능한가, 불가능한가?〉, 177쪽에 인용됨.
9) 〈타임〉(*Time*, 1974년 11월 30일), 48쪽.
10) 같은 책.
11) 코페지, 〈진화: 가능한가, 불가능한가?〉, 제6장.
12) 같은 책, 166-167쪽.
13) 에녹, 〈진화인가 창조인가?〉, 22쪽에 인용됨
14) 〈인간은 여기에 진화를 통해서 왔는가, 창조를 통해서 왔는가?〉(*Did Man Get Here by Evolution or Creation?*, New York: Watchtower Bible Tract, 1967), 45쪽에 인용됨
15) 모리스, 〈진화론의 골칫덩어리 물들〉, 91쪽에 인용됨.
16) 듀앤 기쉬(Duane Gish), 〈진화, 화석이 부정한다〉(*Evolution-The Fossils Say No!*, San Diego: Creation-Life Publishers, 1978), 14쪽에 인용됨.
17) 에녹, 〈진화인가 창조인가?〉, 67쪽에 인용됨.
18) 같은 책, 28쪽.

5장
1) 레슬리 위더헤드(Leslie Weatherhead), 〈죽음 이후〉(*After Death*, New York: Abingdon Press, 1936), 19쪽.
2) 토머스 커티스 클라크(Thomas Curtis Clark) 편, 〈불멸의 황금책〉(*The Golden Book of Immortality*, New York: Association Press, 1954), 4쪽.
3) 매디슨 피터스(Madison C. Peters), 〈죽음 이후 – 무엇?〉(*After Death – What?*, New York: Christian Herald, 1908), 165쪽.

4) 위더헤드, 〈죽음 이후〉, 22쪽에 인용됨.
5) 피터스, 〈죽음 이후―무엇?〉, 25쪽에 인용됨.
6) 왓슨 분 던컨(Watson Boone Duncan), 〈불멸과 현대사상〉(*Immorality and Modern Thought*, Boston: Sherman, French & Co., 1912), 33, 36쪽.
7) 알프레드 로드 테니슨(Alfred Lord Tennyson), "모래톱을 건너며"(Crossing the Bar), 13-16행.
8) "천국과 세상", 111-14행.
9) 조지프 애디슨(Joseph Addison), 〈카토, 비극〉(Cato, A Tragedy, New York: Effingham Maynard & Co., 1891), 제5막 1장, 1861-67행.
10) 피터스, 〈죽음 이후―무엇?〉, 166-67쪽에 인용됨.
11) 쇼(S. B. Shaw), 〈사람들은 어떻게 죽음과 대면하는가〉(*How Men Face Death*, Kansas City: Beacon Hill Press, 1964), 44, 63쪽.
12) 레이먼드 무디 주니어(Raymond A. Moody, Jr.), 〈다시 산다는 것〉(*Life After Life*, Atlanta: Mockingbird Books, 1975), 37쪽. [한국에서는 행간에서 번역 출간]

6장

1) 핫지(A. A. Hodge), 〈신학적 주제에 대한 인기 강의〉(*Popular Lectures on Theological Themes*, Philadelphia: Presbyterian Board of Publications, 1887), 456-57쪽.
2) 조셉 스타일즈(Joseph C. Stiles), 〈장래의 형벌〉(*Future Punishment*, St. Loius: n.p., 1868), 4쪽.
3) 핫지, 〈신학적 주제에 대한 인기 강의〉, 454쪽.
4) 윌리엄 에드워드 먼지(William Edward Munsey), 〈영원한 심판〉(*Eternal Retribution*, Murfreesboro, Tenn.: Sword of the Lord Publishers, 1951), 65쪽.
5) 같은 책, 62쪽.
6) 같은 책, 63쪽.
7) 같은 책.

7장

1) 칼 헨리(Carl F. Henry), 〈기독교인의 개인 윤리〉(*Christian Personal Ethics*, Grand Rapids, Mich.: Wm. b. Eerdmans, 1957), 13쪽.

8장

1) 필립 샤프(Philip Schaff), 〈그리스도의 위격〉(*The Person of Christ*, Boston: The American Tract Society, 1865), 6쪽.
2) 같은 책.
3) 길크리스트 로손(J. Gilchrist Lawson), 〈예수 그리스도에 대한 위대한 사상들〉(*Greatest Thoughts About Jesus Christ*, New York: Richard R. Smith, Inc., 1919), 160쪽.
4) 샤프, 〈그리스도의 위격〉, 5쪽.
5) 〈니케아 이전의 교부들〉 제8권(*The Anti-Nicene Fathers*, Grand Rapids, Mich.: Wm. b. Eerdmans, 1951), 460, 461쪽.
6) 맥도웰, 〈판결을 요구하는 증거〉, 86쪽에 인용됨.
7) 같은 책, 83쪽.
8) 같은 책, 84쪽.
9) 같은 책, 85, 86쪽.
10) 같은 책, 87쪽.
11) 필립 샤프(Philip Schaff), 〈불신자들의 증언〉(*Testimonies of Unbelievers*, Boston: The American Tract Society, 1865), 281쪽.
12) 맥도웰, 〈판결을 요구하는 증거〉, 84, 85쪽에 인용됨.
13) 필립 샤프, 〈그리스도의 위격〉, 108쪽에 인용됨.
14) 같은 책, 295-96쪽.
15) 같은 책, 316-17쪽.
16) 로손, 〈예수 그리스도에 대한 위대한 사상들〉, 117-20에 인용됨.
17) 같은 책, 120-21쪽.
18) 같은 책, 147쪽.

10장

1) 사이먼 그린리프(Simon Greenleaf), 〈복음주의자들의 증언〉(*The Testimony of the Evangelists*, 1874; reprint ed., Grand Rapids, Mich: Baker Book House, 1965), 28-30쪽.
2) 폴 리틀(Paul Little), 〈믿는 이유를 알라〉(*Know Why You Believe*, Wheaton, Ill.: Victor Books, 1967), 44쪽.
3) 윌리엄 테일러(William M. Taylor), 〈우리 구주의 기적〉(*The Miracle of Our Saviour*, New York: Hodder & Stoughton, 1890), 21, 22쪽에 인용됨.

4) 프랭크 모리슨(Frank Morrison), 〈누가 돌을 옮겼는가〉(*Who Moved the Stone?*, 1930; reprinted Whitstable: Latimer Trend & Co., 1971), 114-15. [한국에서는 생명의말씀사에서 번역 출간]
5) 윌버 스미스(Wilbur M. Smith), 〈그러므로 일어서라〉(*Therefore, Stand*, Grand Rapids: Baker Book House, 1945), 383쪽에 인용됨.
6) 같은 책, 378쪽.

11장

1) 얼 알버트 로웰(Earle Albert Rowell), 〈예언이 말한다〉(*Prophecy Speaks*, Washington, D. C.: Review and Herald Publishing Co., 1938), 67쪽에 인용됨.

12장

1) 제임스 해스팅즈(James Hastings), 〈성경의 위대한 본문들〉 제2권 (*The Great Texts of the Bible*, Grand Rapids: Wm. b. Eerdmans), 149쪽에 인용됨.
2) 월터 러셀 보위(Walter Russell Bowie), 〈불의 사람들〉(*Men of Fire*, New York: Harper Bros., 1961), 6장.

14장

1) 존 웨슬리 화이트(John Wesley White), 〈재입장〉(*Re-entry*, Minneapolis: World Wide Publications, 1970), 106쪽에 인용됨.
2) 같은 책, 54쪽.
3) 존 웨슬리 화이트(John Wesley White), 〈제3차 세계대전: 임박한 아마겟돈 전투의 징조들〉 (*WW III: Signs of the Impending Battle of Armageddon*, Grand Rapids: Zondervan Publishing House, 1977), 82쪽.
4) 화이트, 〈재입장〉, 93쪽에 인용됨.
5) 같은 책, 104쪽.
6) 같은 책, 100쪽.
7) 같은 책, 96쪽.

사명선언문

너희가 흠이 없고 순전하여……세상에서 그들 가운데 빛들로
나타내며 생명의 말씀을 밝혀 _ 빌 2:15-16

1. 생명을 담겠습니다
만드는 책에 주님 주신 생명을 담겠습니다.
그 책으로 복음을 선포하겠습니다.

2. 말씀을 밝히겠습니다
생명의 근본은 말씀입니다.
말씀을 밝혀 성도와 교회의 성장을 돕겠습니다.

3. 빛이 되겠습니다
시대와 영혼의 어두움을 밝혀 주님 앞으로 이끄는
빛이 되는 책을 만들겠습니다.

4. 순전히 행하겠습니다
책을 만들고 전하는 일과 경영하는 일에 부끄러움이 없는
정직함으로 행하겠습니다.

5. 끝까지 전파하겠습니다
모든 사람에게, 땅 끝까지, 주님 오시는 그날까지
복음을 전하는 사명을 다하겠습니다.

서점 안내

광화문점 서울시 종로구 새문안로 69 구세군회관 1층
02)737-2288 / 02)737-4623(F)

강남점 서울시 서초구 신반포로 177 반포쇼핑타운 3동 2층
02)595-1211 / 02)595-3549(F)

구로점 서울시 동작구 시흥대로 602, 3층 302호
02)858-8744 / 02)838-0653(F)

노원점 서울시 노원구 동일로 1366 삼봉빌딩 지하 1층
02)938-7979 / 02)3391-6169(F)

일산점 경기도 고양시 일산서구 중앙로 1391 레이크타운 지하 1층
031)916-8787 / 031)916-8788(F)

의정부점 경기도 의정부시 청사로47번길 12 성산타워 3층
031)845-0600 / 031)852-6930(F)

인터넷서점 www.lifebook.co.kr